英国大历史

REMEMBER, REMEMBER
(The Fifth of November)

〔英〕
朱迪·帕金森
(Judy Parkinson)
著

孙翱鹏
译

中国友谊出版公司

图书在版编目（CIP）数据

英国大历史 /（英）朱迪·帕金森著；孙翱鹏译.
北京：中国友谊出版公司，2025.8. -- ISBN 978-7
-5057-6130-8

Ⅰ．K561

中国国家版本馆 CIP 数据核字第 20259DH861 号

著作权合同登记号　图字：01-2025-3495

Remember, Remember (The Fifth of November), by Judy Parkinson
This revised paperback edition first published in 2011
First published in Great Britain in 2008 by Michael O'Mara Books Limited
Copyright © 2008, 2011 Judy Parkinson
Simplified Chinese rights arranged through CA-LINK International LLC
All rights reserved.

书名	英国大历史
作者	[英]朱迪·帕金森
译者	孙翱鹏
出版	中国友谊出版公司
发行	中国友谊出版公司
经销	新华书店
印刷	天津中印联印务有限公司
规格	880 毫米 ×1230 毫米　32 开 7.5 印张　151 千字
版次	2025 年 8 月第 1 版
印次	2025 年 8 月第 1 次印刷
书号	ISBN 978-7-5057-6130-8
定价	59.00 元
地址	北京市朝阳区西坝河南里 17 号楼
邮编	100028
电话	(010) 64678009

献给祖父

1889年12月7日—1977年12月18日

德莱弗·R.J.巴雷特,皇家野战炮兵团

团编号9863

曾于法国及意大利服役

1918年10月28日获颁军事勋章

目 录

编者的话　　　　　　　　　　　　　　　01

大事年表　　　　　　　　　　　　　　　03

君主世系表　　　　　　　　　　　　　　14

罗马时代

罗马入侵　公元43年　　　　　　　　　　002

朗蒂罗亚姆的建立　约公元50年　　　　　003

布狄卡女王　死于公元60或61年　　　　　004

哈德良长城　122—130年　　　　　　　　005

圣奥尔本　3世纪中叶　　　　　　　　　　007

君士坦丁大帝　272—337年　　　　　　　008

罗马时代的结束　367年　　　　　　　　　009

黑暗时代

撒克逊人到来　5世纪40年代　　　　　　　012

圣帕特里克　约461或493年　　　　　　　013

坎特伯雷的圣奥古斯丁　死于604或605年　014

"尊者"比德　673—735 年　　　　　　　　　015

首位"全英格兰之王"——奥法
死于 796 年，加冕于 757 年　　　　　　　016

维京人　8 世纪　　　　　　　　　　　　018

阿尔弗雷德大帝
849—899 或 901 年，加冕于 871 年　　　019

"无备者"埃瑟尔雷德　968—1016 年，加冕于 978 年　020

卡努特国王
约 990—1035 年，加冕于 1017 年 1 月 6 日　　022

"忏悔者"爱德华
约 1004—1066 年，加冕于 1043 年 4 月 3 日　　023

黑斯廷斯战役　1066 年 10 月 14 日　　　025

中世纪晚期

伦敦塔　1070—1100 年　　　　　　　　　028

《末日审判书》　1086 年　　　　　　　　029

第一次十字军东征　1095—1099 年　　　030

亨利二世与安茹帝国
1133—1189 年，加冕于 1154 年　　　　　031

托马斯·贝克特之死　1170 年 12 月 29 日　　033

"狮心王"理查一世
1157—1199 年，加冕于 1189 年 9 月 3 日　　034

约翰王　1166—1216 年，加冕于 1199 年　　035

《大宪章》　1215 年 6 月 15 日　　　　　037

爱德华一世与议会的崛起
1239—1307 年，1272 年即位，1274 年加冕　　038

威廉·华莱士爵士　约 1272—1305 年　　039

布鲁斯的罗伯特　1274—1329 年　　040

百年战争（第一部分）　1337—1377 年　　042

克雷西战役　1346 年 8 月 26 日　　043

黑死病　1348—1350 年　　044

农民起义　1381 年　　045

《威克里夫圣经》与罗拉德运动　1382—1395 年　　047

百年战争（第二部分）　1377—1453 年　　048

杰弗里·乔叟与《坎特伯雷故事集》　1387 年　　049

威廉·卡克斯顿　约 1422—1492 年　　050

玫瑰战争　1455—1485 年　　052

理查三世　1450—1485 年，加冕于 1483 年 7 月 6 日　　053

文艺复兴　约 14—17 世纪　　055

都铎王朝

亨利八世　1491—1547 年，加冕于 1509 年 6 月 24 日　　058

英格兰宗教改革　1529—1536 年　　059

拆毁修道院运动　1536—1541 年　　060

"九日女王"简·格雷夫人　1536/1537—1554 年　　062

玛丽一世（"血腥玛丽"）
1516—1558，加冕于 1553 年 7 月 19 日　　063

天主教改革　1545—1563 年　　　　　　　　　064

伊丽莎白一世
1533—1603 年，加冕于 1559 年 1 月 15 日　　065

苏格兰女王玛丽　1542—1587 年　　　　　　067

弗朗西斯·德雷克爵士　1540—1596 年　　　068

西班牙无敌舰队　1588 年 7 月—8 月　　　　069

威廉·莎士比亚　1564—1616 年　　　　　　071

英国东印度公司　建立于 1600 年　　　　　　072

斯图亚特王朝

苏格兰詹姆斯六世与英格兰詹姆斯一世
1566—1625 年，于 1603 年 7 月 29 日加冕为英格兰国王　076

火药阴谋　1605 年 11 月 5 日　　　　　　　　077

《英王詹姆士圣经》　1611 年　　　　　　　　078

朝圣先辈与五月花号　1620 年　　　　　　　　079

纽约的建立　1626 年　　　　　　　　　　　　081

查理一世　1600—1649 年，加冕于 1626 年 2 月 2 日　082

英国内战　1642—1649 年　　　　　　　　　　083

奥利弗·克伦威尔与联邦　1649—1658 年　　　085

君主制复辟　1660—1685 年　　　　　　　　　086

大瘟疫与伦敦大火　1665 与 1666 年　　　　　087

提图斯·奥茨与教宗阴谋　1678 年　　　　　　089

詹姆斯二世，末代天主教国王
1633—1701 年，加冕于 1685 年，1688 年被废黜　　**090**

蒙茅斯或干草叉叛乱　1685 年　　**091**

光荣革命　1688 年　　**093**

英格兰与苏格兰的联合
《联合法案》，1707 年 5 月 1 日　　**094**

马尔博罗公爵的诸多胜利
约翰·丘吉尔，第一代马尔堡公爵，1650—1722 年　　**095**

乔治时代

乔治一世　1660—1727 年，加冕于 1714 年 10 月 20 日　**098**

美洲与澳大利亚的流放地　约 1718—1868 年　　**099**

英俊王子查理
查理·爱德华·斯图亚特王子，1720—1788 年　　**100**

辉煌之年，胜利之年　1759 年　　**102**

"爱国者"乔治三世
1738—1820 年，加冕于 1761 年 9 月 22 日　　**103**

启蒙运动　18 世纪中叶—19 世纪中叶　　**104**

工业革命（第一部分：从乡村到城市）
约 1750—约 1830 年　　**106**

波士顿茶党　1773 年 12 月 16 日　　**107**

美国独立战争　1775—1783 年　　**108**

法国大革命战争　1792—1802 年　　**110**

《联合法案》
1800年7月2日，自1801年1月1日起生效　　111

拿破仑战争　1803—1815年　　112

纳尔逊与特拉法尔加之战　1805年10月21日　　114

废除奴隶贸易　1807年3月25日　　115

勒德分子　1811—1812年　　116

摄政时期　1811年1月5日—1820年1月29日　　117

威灵顿与滑铁卢战役　1815年6月18日　　119

彼得卢大屠杀　1819年8月16日　　120

乔治四世
1762—1830年，加冕于1821年7月19日　　121

罗伯特·皮尔与伦敦警视厅
《1829年伦敦警视厅法案》　　123

《改革法案》　1832年6月7日　　124

维多利亚时代

维多利亚女王
1819—1901年，加冕于1838年6月28日　　128

迪斯雷利和格莱斯顿　　129

第一次工业革命（第二部分：社会成本）
1770—1850年　　131

维多利亚时期的艺术与文学　19世纪　　132

所得税　1799年、1803年及1842年以后　　133

爱尔兰大饥荒 1845—1851 年	135
维多利亚时代的探险家与发明家 19 世纪	136
万国工业博览会 1851 年 5 月 1 日—10 月 15 日	138
克里米亚战争 1854 年 3 月 28 日—1856 年 3 月 30 日	139
印度兵变 1857 年 3 月—1858 年 3 月	141
查尔斯·达尔文 1809—1882 年	142
约瑟夫·李斯特 1827—1912 年	143
《爱尔兰土地法案》 1870 年	145
英国殖民战争 1837—1901 年	146
全民教育 1870 年 2 月 17 日	147
战死喀土穆的戈登 1884 年 3 月 12 日—1885 年 1 月 26 日	149
第一次布尔战争 1880 年 12 月 20 日—1881 年 3 月 23 日	150
第二次布尔战争 1899 年 10 月 11 日—1902 年 5 月 31 日	151
爱尔兰地方自治问题 1886 年 4 月 8 日—1893 年 2 月	153

爱德华时代

爱德华七世 1841—1910 年，加冕于 1902 年 8 月 9 日	156
工人阶级的崛起 1893—1908 年	157

妇女参政论者 1903—1914 年　　　　　　　　158

泰坦尼克号沉没事故 1912 年 4 月 14 日—4 月 15 日　160

第一次世界大战

第一次世界大战
1914 年 8 月 4 日—1918 年 11 月 11 日　　　　　164

卢西塔尼亚号沉船事件 1915 年 5 月 7 日　　　166

复活节起义 1916 年 4 月 24 日—4 月 29 日　　　167

索姆河战役 1916 年 7 月 1 日—1916 年 11 月 18 日　169

大卫·劳合·乔治
1863—1945 年，于 1916—1922 年出任英国首相　170

1918 年大流感　　　　　　　　　　　　　　　171

《凡尔赛和约》 1919 年 6 月 28 日　　　　　　172

两次世界大战之间

印度阿姆利则惨案 1919 年 4 月 13 日　　　　　176

英联邦《威斯敏斯特法案》 1931 年 12 月 11 日　177

巴勒斯坦和美索不达米亚地区 1920 年 4 月 25 日　178

爱尔兰分治 《英爱条约》，1921 年 12 月 6 日　179

英国大罢工 1926 年 5 月 3 日—5 月 12 日　　　181

拉姆赛·麦克唐纳
1866—1937 年，1924 年 1—11 月及
1929—1935 年两次出任英国首相　　　　　　　182

妇女选举权 1918—1928年 184

弗莱明发现青霉素 1928年9月28日 185

爱德华八世及其退位
1894—1972年，1939年1月20日—12月10日在位 186

乔治六世 1895—1952年，加冕于1937年 187

奥斯瓦尔德·莫斯利爵士与法西斯分子
英国法西斯联盟，1932年10月1日—1940年5月30日 189

慕尼黑及"二战"预备阶段 1938及1939年 190

第二次世界大战

德国入侵 1939年9月1日—1940年6月22日 194

温斯顿·丘吉尔爵士
1874—1964年，1940—1945年及1951—1955年
两次出任英国首相 195

空战 1940年8月13日—1944年5月8日 196

海战 1940—1943年 198

美国参战 1941年12月7日 199

布莱切利公园和恩尼格玛密码 1939—1945年 200

诺曼底登陆及欧洲胜利日
1944年6月6日—1945年5月8日 202

对日胜利及"二战"结束 1945年8月15日 203

联合国成立 1945年 204

编者的话

编纂本书的目的在于将从罗马入侵到"二战"结束为止的英国历史,浓缩成许多具有可读性的小故事。这能成功吗?起初,这听上去像是天方夜谭:像玫瑰战争(Wars of the Roses)或是凡尔赛和约(Treaty of Versailles)之类的事情怎么可能被浓缩进一篇短文里?但在许多次艰辛而困难的删减之后,我们相信自己得出了一份详尽的概述,极为精练地告诉了读者所有关键的信息。

至于为什么要接下这一任务,则是另一回事。我们许多人接受的都是英式教育,所学到的历史是零散的:对某一段时期知之甚详,而对另一段时期则一无所知。对于年纪稍长的人而言,他们所接受的历史教育则是一串意义重大但枯燥无味的日期,会轻易遗忘。这也难怪许多人成年之后,脑子里的知识满是漏洞,只是模糊地感觉到自己应该对很多事情都知道:那些乔治国王哪个是哪个?"血腥玛丽"和苏格兰女王玛丽是不是同一个人?谁杀了托马斯·贝克特(Thomas à Becket),他又为什么要这么做?

这正是本书所要探究的东西。本书旨在用简明扼要的形式填补知识漏洞，用简短但独立的"短文"描述一个主题，力求行文能兼具深度、广度与精准度。我们还附上了一份索引，方便读者交叉参考——如果历史不互相联系，那就是废纸——以及一份延伸阅读书目。此外，还有一份君主世系表和更详尽的大事年表，包括了绝大多数因篇幅所限、在正文中不曾专门提及的重要事件。

这个国家有着颇为辉煌、动人的历史，讲述着那些关于勇气与品格、荣誉与忠诚、骄傲与希望、能力与韧性，以及有时纯属好运的故事。本书将使我们重忆那些荣耀，同时也回想起那些经常被遗忘的、也许从未被教授过的历史。

在此，编者首先要感谢本书的作者朱迪·帕金森；她的研究极为出色，并在极为有限的时间内表现出了颇高的效率。此外，还要感谢多米尼克·恩瑞特(Dominique Enright)与杰米·巴肯(Jamie Buchan)的严谨校对、安娜·波列赞科维茨（Ana Bjezancevic）绘制的地图、克莱尔（Claire）与托比·巴肯（Toby Buchan）负责的不列颠尼亚部分，以及许多其他人的贡献。非常感谢威斯特敏斯特学校的历史学者托马斯·艾德林（Thomas Edlin），他对细节极为关注，并提供了非常有用的建议；感谢威斯特敏斯特学校的弗朗西斯·拉姆塞博士（Dr Frances Ramsey）为我们引荐了托马斯。毋庸置疑，如若有所缺漏，一定是编者的工作疏忽所致。

大事年表

罗马时代

公元前 55 年和前 54 年　尤利乌斯·凯撒（Julius Caesar）入侵

公元 47 年　征服英格兰西南部

50 年　建立朗蒂罗亚姆（Londinium）

60 或 61 年　布狄卡女王反叛

70—84 年　征服威尔士与苏格兰

122 年　修筑哈德良长城

196—213 年　不列颠分为两个行省

306 年　君士坦丁大帝在约克拥立为帝

367—369 年　蛮族入侵

398—400 年　皮克特人（Picts）、苏格兰人（Scots）与撒克逊人（Scots）被击败

黑暗时代

477 年　撒克逊人在苏塞克斯（Sussex）定居

495 年　撒克逊人在威塞克斯（Wessex）定居

597 年　圣奥古斯丁于肯特郡登陆

664 年　惠特比会议

731 年　"尊者"比德（Bede）完成了《英国人民教会史》

757 年　奥法（Offa）成为麦西亚（Mercia）国王

793年　丹麦人袭击林迪斯法恩（Lindisfarne）、贾罗（Jarrow）、爱奥纳（Iona）

865年　丹麦人（维京人）军队登陆

867年　诺森布里亚（Northumbria）落入丹麦人之手

871年　丹麦人进攻威塞克斯，阿尔弗雷德（Alfred）成为国王

878年　阿尔弗雷德在爱丁顿（Edington）击败丹麦人

910—920年　丹麦区大部被夺回

991年　英格兰与诺曼底（Normandy）签订条约

1002年　埃瑟尔雷德（Ethelred）下令屠杀英格兰的丹麦人

1017年　卡努特（Canute）国王将英格兰划分为四个伯爵领地

1042年　"忏悔者"爱德华即位

1066年　黑斯廷斯战役（Battle of Hastings）

中世纪晚期

1086年　《末日审判书》

1120年　白船沉没——亨利一世的继承人死亡

1139—1153年　英格兰内战

1153年　安茹（Anjou）的亨利（亨利二世）入侵英格兰

1169—1172年　英格兰开始征服爱尔兰

1170年　托马斯·贝克特（Thomas à Becket）被谋杀

1190—1192年　理查一世参与十字军东征（Crusade）

1215年　《大宪章》（*Magna Carta*），英格兰内战

1258年　诸男爵接管王室政府

1259年　英格兰与法国签订《巴黎条约》（*Treaty of Paris*）

1264年　路易斯之战（Battle of Lewes），西蒙·德·蒙特福特（Simon de Montfort）组建政府

1282—1283 年 爱德华一世征服威尔士

1291 年 爱德华一世成为苏格兰统治者

1294 年 开始与法国作战

1295 年 法苏联盟

1296 年 爱德华一世入侵苏格兰

1306 年 罗伯特·布鲁斯叛乱

1314 年 苏格兰的班诺克本(Bannockburn)大捷

1315—1317 年 大饥荒

1337 年 百年战争开始

1346 年 英格兰赢得克雷西战役(Battle of Crécy)

1347 年 英格兰占领加莱(Calais)

1348 年 黑死病(Black Death)殃及英格兰

1356 年 英格兰在普瓦蒂耶(Poitiers)击败法国

1381 年 农民起义

1382 年 约翰·威克里夫(John Wycliffe)受到谴责

1389 年 理查二世成年

1399 年 理查二世被亨利四世废黜

1415 年 英格兰在阿金库尔战役(Agincourt)取胜

1419—1420 年 英国占领诺曼底

1449—1450 年 法国夺回诺曼底

1455 年 圣奥尔本斯之战(Battle of St Albans)——玫瑰战争的开端

1477 年 威廉·卡克斯顿(William Caxton)的第一本印刷书籍

1483 年 理查三世废黜侄子爱德华五世并称王

1485 年 理查三世在博斯沃思(Bosworth)被杀,亨利七世即位

都铎王朝

1509 年　亨利八世即位

1512 年　与法国和苏格兰开战

1513 年　英格兰在弗洛登战役（Battle of Flodden）击败苏格兰

1522—1525 年　与法国作战

1527 年　亨利八世离婚危机的开端

1528 年　与西班牙作战

1533 年　亨利八世与安妮·博林（Anne Boleyn）结婚

1534 年　第一部《至尊法案》（Act of Supremacy）

1536—1540 年　修道院解体

1542 年　英格兰在索尔韦莫斯战役（Battle of Solway Moss）击败苏格兰

1543 年　与法国作战

1549 年　第一部公祷书

1553 年　简·格雷（Jane Grey）夫人的"九日统治"结束，玛丽一世即位

1555 年　开始迫害新教徒

1556 年　克兰麦（Cranmer）以火刑处死

1557 年　与法国作战

1558 年　加莱被法国占领

1558 年　伊丽莎白一世即位

1559 年　英格兰宗教和解

1568 年　苏格兰女王玛丽逃往英格兰

1569 年　北方叛乱

1584 年　开始殖民弗吉尼亚州（Virginia）

1585 年　与西班牙作战

1587年　苏格兰女王玛丽被处决

1588年　击败西班牙的无敌舰队（Armada）

1601年　埃塞克斯（Essex）伯爵叛乱

1603年　伊丽莎白一世去世

斯图亚特王朝

1603年　苏格兰詹姆斯（James）六世成为英格兰詹姆斯一世

1604年　与西班牙和解

1605年　火药阴谋

1611年　《英王詹姆士圣经》（*King James Bible*）出版

1620年　清教徒（Pilgrim）先辈们航向新英格兰

1624—1630年　与西班牙作战

1626—1629年　与法国作战

1629年　查理一世解散议会，开始长达11年的"个人统治"

1630年　开始向马萨诸塞州（Massachusetts）移民

1640年　召集长期议会

1642年　英国内战开始

1644年　议会派在马斯顿荒原战役（Battle of Marston Moor）中获胜

1645年　议会军改编为新模范军，取得内斯比（Naseby）大捷

1648年　第二次英国内战

1649年　审判并处决查理一世，英格兰成为共和国

1649—1650年　奥利弗·克伦威尔（Oliver Cromwell）征服爱尔兰

1650—1652年　奥利弗·克伦威尔征服苏格兰

1652—1654年　第一次荷兰战争

1653年　克伦威尔自封护国公

1658年　克伦威尔去世

1660 年　君主制复辟，查理二世加冕

1665—1667 年　第二次荷兰战争

1665 年　大瘟疫

1666 年　伦敦大火

1672—1674 年　第三次荷兰战争

1678 年　提图斯·奥茨（Titus Oates）和天主教派（Popish）的阴谋

1679 年　《人身保护法案》（*Habeas Corpus Act*）通过

1679—1681 年　辉格党（Whig）和托利党（Tory）的兴起

1685 年　蒙茅斯（Monmouth）叛乱

1688 年　奥兰治（Orange）的威廉入侵，詹姆斯二世出逃

1689 年　威廉和玛丽加冕

1689 年　《权利法案》（*Bill of Rights*）

1690 年　博因河战役（Battle of the Boyne）

1694 年　英格兰银行建立

1701 年　《王位继承法》（*Act of Settlement*）规定汉诺威王朝（Hanoverian）的继承权

1704 年　布伦海姆之战（Battle of Blenheim）

1707 年　英格兰和苏格兰联合

乔治时代

1714 年　乔治一世即位

1715 年　詹姆斯党（Jacobite）叛乱

1720 年　南海泡沫

1721 年　罗伯特·瓦尔波勒（Robert Walpole）的任期开始

1733 年　海关危机

1739 年　詹金斯之耳之战（War of Jenkins's Ear），英国—西班牙海战

1745 年　英俊王子查理领导詹姆斯党叛乱

1746 年　卡洛登之战（Battle of Culloden）

1752 年　采用公历

1756—1763 年　七年战争

1757 年　普拉西战役（Battle of Plassey）

1759—1760 年　辉煌之年，胜利之年

1759 年　占领魁北克（Quebec），法国战败

1760 年　乔治三世即位

1769 年　詹姆斯·瓦特的蒸汽机

1773 年　波士顿茶党

1776 年　美国独立宣言

1781 年　美国在约克镇击败了英国

1783 年　北美殖民地独立

1783 年　小皮特（Pitt）成为首相

1784 年　《东印度法案》（*East India Act*）

1789 年　邦蒂号（Bounty）叛变案

1789 年　法国大革命

1791 年　托马斯·佩恩（Thomas Paine）的《人权宣言》（*Rights of Man*）出版

1793 年　与法国开战

1798 年　首度引入所得税

1799 年　拿破仑被任命为法国第一领事

1801 年　英国与爱尔兰《联合法案》（*The Act of Union*）；第一届英国议会（UK Parliament）

1802 年　与法国和解

1803 年　与法国开战

1805 年　特拉法尔加之战（Battle of Trafalgar）和纳尔逊（Nelson）之死

1807 年　废除奴隶贸易

1811—1812 年　勒德分子暴乱

1811 年　威尔士亲王乔治成为摄政王

1815 年　滑铁卢战役（Battle of Waterloo）；拿破仑战败

1819 年　彼得卢大屠杀（Peterloo Massacre）

1820 年　乔治四世即位

1821—1823 年　爱尔兰大饥荒

1829 年　天主教徒获得公民权利（解放）

1832 年　《改革法案》

1833 年　在英国殖民地废除奴隶制

1834 年　大国家联合工会成立

维多利亚时代

1837 年　维多利亚女王即位

1839 年　宪章派（Chartist）暴乱

1840 年　邮政系统引入

1845—1852 年　爱尔兰大饥荒

1846 年　废除《谷物法案》

1851 年　万国工业博览会（Great Exhibition）

1854—1856 年　克里米亚战争（Crimean War）

1857—1858 年　印度兵变

1859 年　查尔斯·达尔文出版《物种起源》

1861 年　阿尔伯特（Albert）王子去世

1869 年　苏伊士运河（Suez Canal）通航

1870 年　《爱尔兰土地法案》（Irish Land Act）

1877 年　维多利亚加冕印度女皇

1880—1881 年　第一次布尔战争（First Boer War）

1882 年　英国占领埃及

1885 年　戈登（Gordon）在喀土穆（Khartoum）去世

1886 年　爱尔兰第一部自治法案（被否决）

1891 年　《教育法案》（Education Act）

1893 年　独立工党（Independent Labour Party）创立

1896—1898 年　占领苏丹（Sudan）

1898 年　德国海军扩张

1899—1902 年　第二次布尔战争（Boer War）

1900 年　索尔兹伯里（Salisbury）赢得卡其选举（Khaki Election）

1901 年　维多利亚女王逝世，爱德华七世即位

爱德华时代

1902 年　亚瑟·贝尔福（Arthur Balfour）的《教育法案》

1903 年　自由党和工党的第一个协议

1904 年　英法友好条约

1905 年　"首相"这一头衔获得正式承认

1908 年　阿斯奎斯（Asquith）首相提出养老金计划

1911 年　《议会法案》（Parliament Act）限制上议院权力

1912 年　泰坦尼克号（Titanic）沉没

第一次世界大战

1914 年　弗朗茨·费迪南大公（Archduke Franz Ferdinand）在萨拉热窝（Sarajevo）遇刺；大英帝国加入第一次世界大战

1915—1916 年　远征达达尼尔海峡（Dardanelles）；从加利波利（Gallipoli）撤退

1916 年　复活节起义，都柏林（Dublin）

1916 年　索姆河战役（Battle of the Somme）

1916 年　大卫·劳合·乔治（David Lloyd George）成为首相

1917 年　帕森达勒战役（帕斯尚尔战役）（Battle of Passchen-daele）

1918 年　西班牙大流感开始蔓延

1918 年　妇女获得有限的投票权

1919 年　《凡尔赛和约》（*Treaty of Versailles*），国际联盟建立

两次世界大战之间

1919 年　印度阿姆利则（Amritsar）屠杀事件

1920 年　英国对巴勒斯坦（Palestine）和美索不达米亚（Mesopotamia）的委任统治

1921 年　达成《英爱条约》（*Anglo-Irish Peace Treaty*），爱尔兰分治，爱尔兰自由邦成立

1924 年　首届工党政府

1926 年　大罢工

1928 年　妇女获得与男性平等的投票权

1929 年　拉姆赛·麦克唐纳（Ramsay MacDonald）领导第二届工党政府

1931 年　金融危机；国家政府

1936 年　乔治五世去世，爱德华八世退位，乔治六世即位

1938 年　张伯伦（Chamberlain）在慕尼黑（Munich）会晤希特勒（Hitler）

第二次世界大战

1939 年　德国入侵波兰，大英帝国对德宣战

1940 年　温斯顿·丘吉尔（Winston Churchill）接替张伯伦出任首相

1940 年　英国从敦刻尔克（Dunkirk）撤退

1940 年　不列颠战役

1940—1941 年　德国对英国发动空军闪电战（Luftwaffe Blitz）

1941 年　美国与苏联参战

1942 年　新加坡失守

1942 年　蒙哥马利（Montgomery）在阿拉曼（El Alamein）取胜

1942 年　斯大林格勒战役（Battle of Stalingrad）

1942 年　贝弗里奇（Beveridge）社会保障报告

1944 年　诺曼底登陆战

1945 年　第二次世界大战结束

1945 年　工党大获全胜，艾德礼（Attlee）接任首相

1945 年　美军在日本投下原子弹

1945 年　联合国成立

君主世系表

统治时期

802—839 年　埃格伯特（Egbert）

839—856 年　埃塞伍尔夫（Ethelwulf）

856—860 年　埃塞尔伯特（Ethelbad）

860—866 年　埃特尔伯特（Ethelbert）

866—871 年　圣·埃瑟尔雷德（Saint Ethelred）

871—899/901 年　阿尔弗雷德（Alfred）大帝

899/901—924 年　老爱德华

924—939/940 年　阿塞尔斯坦（Athelstan）

939/940—946 年　老埃德蒙（Edmund）

946—955 年　埃德雷德

955—959 年　"公平者"埃德威（Edwy）

959—975 年　"和平者"埃德加（Edgar）

975—978/979 年　"殉教者"爱德华

978/979—1016 年　"无备者"埃瑟尔雷德

1016 年　"铁甲王"埃德蒙

1016—1035 年　卡努特国王

1035—1040 年　"飞毛腿"哈罗德（哈罗德一世）

1040—1042 年　哈迪克努特（Harthacanute）

1042—1066 年　"忏悔者"爱德华

1066 年　哈罗德二世（戈德温）

诺曼底王朝

1066—1087 年　威廉一世（征服者）

1087—1100 年　威廉二世（鲁弗斯）

1100—1135 年　亨利一世（贤明者）

1135—1154 年　斯蒂芬

金雀花王朝

1154—1189 年　亨利二世（菲茨女皇）

1189—1199 年　理查一世 ["狮心王"（Coeur de Lion）]

1199—1216 年　"无地者"约翰

1216—1272 年　亨利三世

1272—1307 年　爱德华一世（长腿）

1307—1327 年　卡那封（Caernarvon）的爱德华二世

1327—1377 年　爱德华三世

1377—1399 年　波尔多（Bordeaux）的理查二世

兰开斯特王朝

1399—1413 年　博林布鲁克的亨利四世

1413—1422 年　蒙茅斯的亨利五世

1422—1461 年　温莎（Windsor）的亨利六世

约克王朝

1461—1483 年　爱德华四世

1483 年　爱德华五世

1483—1485 年　理查三世

都铎王朝

1485—1509 年　亨利七世

1509—1547 年　亨利八世

1547—1553 年　爱德华六世

1553—1558 年　玛丽一世

1558—1603 年　伊丽莎白一世

斯图亚特王朝

1603—1625 年　詹姆斯六世 / 一世

1625—1649 年　查理一世

大空位期

1649—1660 年　联邦与护国公政体

斯图亚特王朝

1660—1685 年　查理二世

1685—1688 年　詹姆斯二世

1689—1702 年　威廉二世与玛丽二世（死于 1694 年）

1702—1714 年　安妮女王

汉诺威王朝

1714—1727 年　乔治一世

1727—1760 年　乔治二世

1760—1820 年　乔治三世

1820—1830 年　乔治四世

1830—1837年　威廉四世
1837—1901年　维多利亚女王

萨克森 – 科堡和哥达王朝

1901—1910年　爱德华七世

温莎王朝

1910—1936年　乔治五世

1936年　爱德华八世

1936—1952年　乔治六世

1952—2022年　伊丽莎白二世

罗马时代

罗马入侵

公元 43 年

罗马人缔造了帝国,并且肩负着将其文明撒播到各片蛮族土地上的使命,不列颠正是其中之一。当时在不列颠岛上,各支凯尔特部落群龙无首、冲突不断,罗马人恰好利用了这样的情势。公元前 55—前 54 年,尤利乌斯·凯撒(Julius Caesar)试图占领不列颠,却受阻于恶劣天气。公元前 34、前 27、前 25 年,屋大维(Augustus)曾数次计划发动进攻,但最终未能成行。公元 43 年,皇帝克劳狄乌斯(Claudius)苦于不得人心,亟需改善自己在罗马人心中的形象,入侵不列颠将为其赢得民众的拥戴。

罗马人在南岸——可能就是肯特州(Kent)——登陆,随后横扫不列颠岛南部,只在西北地区遭遇了激烈抵抗。到公元 50 年,11 个部落相继投降,不列颠南部由此罗马化。行省首府起初定于卡姆洛杜卢姆(Camulodunum)[今科尔切斯特(Colchester)],但罗马人很快就看到了泰晤士河的潜在优势,并在道路网络的枢纽处建立了朗蒂罗亚姆(Londinium),作为当地商业与行政的中心。很快,伦敦就成了新行省不列颠尼亚(Britannia)的首府。

公元 54—60 年间的威尔士战役结束后，罗马人统治了部分西部地区；虽然布狄卡（Boudicca）在东安格利亚（East Anglia）掀起了叛乱，但只是拖延了罗马人统治的步伐。罗马向北扩张则面临着更多问题，虽然其数次尝试，但从未彻底征服过苏格兰。

罗马入侵深刻地影响了英国的文化。罗马的习俗、法律和宗教被吸收，同时罗马人还带来了诸多设施，例如公共浴场、运动场、地下中央供暖系统。英国今天的交通系统，大致就是建立在当时松散的道路体系之上的。

朗蒂罗亚姆的建立
约公元 50 年

在公元 43 年罗马入侵前，伦敦还是一块遍布沼泽的荒地，泰晤士河从其中纵贯而过。罗马人向北行军时正于此处涉水渡河。他们在河流北岸筑起堡垒，并着手建立道路网络。

罗马人没有忽视这一区域蕴藏的潜力：这条河流的航运价值颇高，河口宽阔，正对着欧洲大陆。于是桥梁横跨两岸，移民——主要是商人——也接踵而来。慢慢地，周围形成了一座城镇——朗蒂罗亚姆。

但当布狄卡率领爱西尼（Iceni）部落揭竿而起、反抗罗马统治时，这座城镇却没能幸免。不列颠尼亚总督苏维托尼乌斯·鲍里努斯（Suetonius Paulinus）是一位冷血的统治者，他下令要求朗蒂罗亚姆的居民全部撤离；未能撤离者惨遭屠杀，城镇则被愤怒的布立吞人（Britons）付之一炬。

20年间，除了一座码头以外，城镇原址上再没有建起其他建筑，随后便迎来了一段大兴土木的时期。到120年前后，朗蒂罗亚姆已经发展成不列颠行省的行政、商业与金融中心。虽然此后10年间一场大火导致其逐渐步入衰退，但它仍是罗马富庶的重镇。在190—225年间，城区内建造的庞大而豪华的罗马式别墅的遗址及环城修筑的巨型防御墙就是证明。

布狄卡女王

死于公元60或61年

"一位出身于王室的大不列颠（Briton）女人……她体格高大、样貌可怖、眼神凶狠、声音刺耳，留着及臀的深茶色长发，颈上戴着粗大的金链……"[罗马史学家卡西乌斯·迪奥（Cassius Dio）在布狄卡死后约150年对她的记述]

公元43年罗马人入侵不列颠时，他们允许某些部落首领在罗马皇帝的统治下维持"藩属王"的地位。普拉苏塔古斯（Prasutagus）就是其中的一位，他与王后布狄卡一同统治着爱西尼（位于东英格兰地区）。公元60年，普拉苏塔古斯去世，罗马人无视他的遗愿，没有让他的女儿继承王位或与罗马皇帝共同统治王国，而是将其收归己有。更有甚者，罗马人当众鞭打了布狄卡，还强暴了她的女儿们。

出于报复，布狄卡取得了其他英格兰部落的支持，向罗马人发起反叛。她驾驭着战车，女儿们侍立在旁，率领近10万大军摧毁了位于卡姆洛杜卢姆的罗马行省首府，继而夷平了朗蒂罗亚姆与维鲁拉米恩[Verulamium，现圣奥尔本斯（St Albans）]，以少胜多，击败并歼灭了罗马第九军团。

然而，罗马人重新集结部队，最终在现在的西米德兰地区（West Midlands）附近击败了布狄卡。据称布狄卡本人服毒而死，她的女儿们最终的下落则无人知晓。

哈德良长城
122—130 年

哈德良长城是一座高达 15 英尺[①]、长 73 英里[②]的城墙，于

[①] 1 英尺为 30.48 厘米。
[②] 1 英里为 1.609 千米。

罗马皇帝哈德良（Hadrian）在位期间兴建，意在分隔苏格兰地区（罗马人称"下不列颠"）的蛮族与南方上不列颠地区新近文明化的不列颠人，同时抵御来自北方的蛮族袭击。高大的城墙既便于防御，又利于侦察。这座长城由泰恩河畔沃尔森德（Wallsend-on-Tyne）延伸至索尔威湾（Solway Firth），划定了帝国北部的边界线，苏格兰当今边界线也受其影响。

这座城墙由一堵石墙与其后的沟渠或"垒墙"组成，散落着许多壁垒。它的建造者是罗马军团中技艺娴熟的战士，他们满怀自豪地投身于这一人类历史上最大的文明化进程之中。当地的居民也受益于城墙带来的安全与经济稳定，很快，城墙附近就出现了许多居民定居点。

安东尼·庇护（Antoninus Pius）这位皇帝在统治时期，意图进一步征服苏格兰，于是在公元138—142年间，在北方100英里处建造了坚固的安东尼长城。然而，安东尼没能彻底征服诸多苏格兰部落。164年起，帝国的边境线就退回了哈德良长城，直到罗马统治结束。

哈德良长城是罗马世界最富智慧的边境防御建筑之一，也是上不列颠安全稳定的象征。尽管数千年来人们为了获得建筑材料一直在拆毁，但部分城墙仍然保留至今，还成了颇受欢迎的步行区。

圣奥尔本

3 世纪中叶

圣奥尔本是英国第一位基督教殉道者。他早期是一位生活在维鲁拉米恩的异教徒。在基督教徒受到罗马人严酷迫害的情况下,奥尔本为安斐伯鲁斯(Amphibolus)——一位逃亡中的基督教神职者——提供了庇护。安菲伯鲁斯的虔诚信仰对他影响颇深,于是他皈依基督教并接受了洗礼。此后,奥尔本做出了最终的牺牲,他披上了这位客人的斗篷,伪装成后者自首。他的牺牲并没有帮到安斐伯鲁斯,后者几天后就被抓住,因石刑而死。

这个故事衍生出了许多不同的传说,其中最著名的是刽子手的眼睛因为某种神圣的报应而脱落。正当奥尔本要被斩首时,他如此宣称:"我信仰并崇拜创造万物的唯一真神。"今天,在他被处决的地方矗立着圣奥尔本修道院,这句话至今仍是它的祈祷词。

306 年,君士坦丁一世即位;312 年,这位皇帝皈依了基督教,罗马对基督教的排斥开始减轻;313 年,《米兰敕令》(*Edict of Milan*)宣布帝国全境的基督徒都能受到保护。

圣奥尔本是皈依者、逃难者与受折磨者的主保圣人。2006年，英国国教的一部分神职人员提出，将英格兰的主保圣人由圣乔治改为圣奥尔本。

君士坦丁大帝
272—337 年

君士坦丁的父亲是军事指挥官君士坦提乌斯（Constantius），于305年即位为罗马皇帝；其母亲海伦娜（Helena）是一位出身低微的女性（君士坦提乌斯即位后就抛弃了她，与一位贵族女性结婚）。306年，君士坦提乌斯在不列颠作战时去世，君士坦丁被拥立为帝——但他此后花费了许多年击败对手，直到324年才巩固了自己的帝位。312年，在一场战役的前夕，他梦见了基督，嘱咐他在士兵的盾牌上刻上一个十字形的符号；他看到了一个幻象：一个十字对着太阳，附有一行文字 In hoc signo vinces（你必以此获胜）。他的确取胜了，也因此皈依了基督教。

自306年以来，君士坦丁一直在帝国全境倡导宗教宽容；313年，他与其共治皇帝发布了《米兰敕令》，命令任何宗教的信仰者都不得遭到迫害，而基督教会被授予了特殊利益。

324年，君士坦丁控制了整个帝国，将基督教定为国教，以此统一了整个帝国的基督教。他在古希腊城邦拜占庭的原址上建立了新的首都,君士坦丁堡。作为第一位信仰基督教的罗马皇帝,基督教能在欧洲立足,他厥功甚伟,同时也为其成为不列颠的主流宗教铺平了道路。他的母亲也是基督徒,有着英格兰血统,此后被封为圣海伦娜。

罗马时代的结束
367 年

在罗马统治的 400 年间,与"蛮族"的冲突可谓司空见惯。但在 4 世纪之前,"蛮族"的威胁始终可控,加勒多尼亚(Caledonia)的皮克特人也一直被挡在哈德良长城以北。

而后,来自东方的日耳曼人发动了一场场愈发凶猛的入侵。367 年,皮克特人和苏格兰人以哈德良长城上一处叛变卫戍为突破点,涌入了不列颠境内。与此同时,撒克逊人自东而来,爱尔兰人与阿塔托蒂(Attacotti)人则从西方攻击入城。

城市遭到洗劫,民众惨遭奸淫掳掠,整个不列颠为成群的掠夺者所蹂躏。混乱持续了数月之久,但到 368 年末,"蛮族"便被赶走了。然而,这并不是最后一次入侵,盎格鲁人(Angles)、朱特人（Jutes）及撒克逊人从德国与丹麦蜂拥而来。某些撒克逊人甚至被认为是受不列颠总督沃蒂根（Vortigern）邀请而来充当雇佣兵对抗皮克特人，可他们选择反叛，并在东南方建立了自己的势力。凯尔特人迁居到西部，盎格鲁-撒克逊人则在东部定居，今天我们所称的"英格兰"与"威尔士"的差别由此才初步成型。

面对着不列颠岛上持续不断的威胁，以及欧洲其他地方的麻烦，疲于奔命的罗马人左支右绌，在5世纪初放弃了不列颠。残留的布列吞人摈弃了罗马的生活风俗，不列颠由此迅速堕入了所谓的"黑暗时代"。

黑暗时代

撒克逊人到来

5 世纪 40 年代

5世纪早期,西罗马帝国陷入衰败,彻底从不列颠撤退出来。取而代之的是一批外来的移民:盎格鲁人、撒克逊人与朱特人,他们是来自德国与丹麦的异教徒蛮族。这些新的入侵者乘着小船登陆,发现罗马统治下的诸多城镇已经荒无人烟、成为废墟。他们由东南方而起,逐渐占领了英格兰大部,在近600年间以不同形式统治着这片土地。罗马的语言、文化与社会不复存在,绝大多数人过着仅能果腹的生活。在黑暗时代,暴行与疾病随处可见,饥民与穷人常常沦为奴隶。

起初,基督教在英国日渐式微。盎格鲁-撒克逊人崇拜异教神祇,例如提尔(Tiw)、沃丁(Wodin)、苏诺尔[Thunor,后为索尔(Thor)]及芙蕾雅(Friya),一周七天中的四天就以他们的名字命名[周日与周一的名称也由异教信仰以太阳与月亮命名;周六则源于农业之神(Saturn),仍受罗马文化影响]。他们还用古异教女神约斯特里(Eostre)为基督教的复活节命名。

盎格鲁-撒克逊人的语言是现代英语及其他许多词汇的基

础，如"英格兰"一词意指"盎格鲁人的土地"。盎格鲁人将《圣经》译本、法律文书与英雄史诗[最著名的当属《贝奥武夫》（*Beowulf*）]引入了英国的文学传统之中。在他们的统治下，英格兰诸王国慢慢地首次形成了一个统一的整体。

圣帕特里克
约 461 或 493 年

帕特里克出生于一个富裕的不列颠家庭，其出生时间与出生地点不详。虽然他的父亲是基督教执事，但帕特里克本人起初并不信教。在少年时期，他被一伙爱尔兰强盗所绑架，卖到爱尔兰作奴隶。他做了 6 年的羊倌，其间在宗教上寻得了慰藉，并最终将他经受的磨难视为神灵对他早年不虔诚的报偿。他乘船偷渡逃回了不列颠岛，并成为一名牧师。

但帕特里克一直梦想着要回到爱尔兰传教，在数年的学习之后踏上了旅途。虽然他与异教徒头领的关系颇为紧张，但他将爱尔兰尚存的基督徒组织起来，并且感化了许多异教徒——据说他将许多蛇逐出了爱尔兰，这指的或许就是异教信仰。帕特里克合并了凯尔特与基督教的象征体系，将三叶草这一古老符号与基督教的三位一体联系起来。帕特里克是第二任爱尔兰主教，也是向西欧传播基督教信仰的一位关键人物。

到了8世纪，帕特里克成为爱尔兰的主保圣人。今天，人们将3月17日（可能是帕特里克的忌日）定为圣帕特里克节。

坎特伯雷的圣奥古斯丁
死于604或605年

罗马教宗格里高利一世渴望扩大教会的影响力并根除异教，而当时的英格兰仍以异教信仰为主流。于是，他派遣奥古斯丁带领40名修道士前往英格兰传教，他们于597年抵达了肯特郡的塔内（Thanet）。

修道士为肯特的埃塞尔伯特国王（King Ethelbert）带去了礼物。国王热情地接待了他们，只是坚持要在户外进行协商，以防他们对自己施咒。虽然起初略有猜疑，但国王还是将坎特伯雷（Canterbury）这块土地分封给了奥古斯丁，后者在其上建起了修道院，成为首任坎特伯雷大主教。直到数十年后，英国各主教才认可大主教这一职位，而大主教正式确立为英国教会的权威则是更久之后的事情。

埃塞尔伯特的妻子贝尔塔（Bertha）是基督徒，她与奥古斯丁共同说服了埃塞尔伯特改变信仰。他是英格兰第一位皈依基督教的国王，数千名臣民也受其影响而改变信仰。在国王的协助下，基督教在撒克逊人中传播开来，不久之后，他也因此被祝圣。奥古斯丁与埃塞尔伯特在罗切斯特（Rochester）与伦敦建立了主教堂（第一座圣保罗大教堂）。

许多不列颠基督徒仍保留着一些凯尔特习俗，不愿完全皈依罗马公教。最后，在664年举办的惠特比会议（Synod of Whitby）上，他们认可了罗马的辖制，彻底舍弃了凯尔特习俗。

"尊者"比德
673—735年

比德是英国历史学者的先驱，常被称作"英国史之父"。他出生于诺森布里亚（Northumbria），并在贾罗（Jarrow）的本笃会（Benedictine）修道院长大，那里丰富的藏书使他受益匪浅。他19岁时被任命为执事，30岁升任牧师。比德是教师、学者，还是著作颇丰的作家，精通经文，对科学与诗歌也有所涉猎。

他最著名的作品是于731年完成的《英国人民教会史》（*The Ecclesiastical History of the English People*）。有关黑暗时代的记录稀少而不可靠，这本书一直以来都是颇为重要的资料来源。比德深入研究了传说故事与口头记述,最后写成了一部跨度近 800 年的通史,始于恺撒入侵,终于成书出版之日。公元纪年方法也是由这本书普及的。阿尔弗雷德国王(King Alfred)认为这是一本重要的教材,将其由拉丁文译成了英文。

比德于 735 年去世,墓地位于贾罗。在他去世后的 100 年间,世人称其为"尊者",这可能是因为他的墓志铭里的一处笔误。他被推举为教会圣师(Doctor of the Church),并于 1899 年被祝圣。

首位"全英格兰之王"——奥法

死于 796 年,加冕于 757 年

在 7 世纪,各国间的均衡局势发生了巨大的变化。麦西亚(Mercia)王国 [位于今米德兰(Midlands)地区] 国力强盛,吞并了诺森布里亚。但麦西亚国内仍然内乱频繁,艾瑟尔巴德国王(King Ethelbald)于 757 年为护卫所杀,国内掀起了一场短暂的内战。其族人奥法(Offa)由此即位,麦西亚开始走向扩张。

奥法继承了艾瑟尔巴德的遗志,先后征服了肯特、苏塞克斯、安格利亚与一部分维塞克斯，自封为"全英格兰之王"。奥法还将女儿们嫁给西撒克逊（West Saxons）与诺森布里亚（Northumbria）的国王，以扩张麦西亚的势力范围。

奥法无力征服威尔士，就兴建了奥法之堤（Offa's Dyke）——一座绵延160英里的巨型防御工事，以抵御威尔士人的袭击。现今威尔士的边境线由此成形，仍有近半长堤存留至今。

奥法注重国际关系，英格兰在欧陆的舞台上开始崭露头角。法兰克国王查理曼（King Charlemagne）对奥法颇为尊重，他们共同签订了重要的商业协议。查理曼的货币改革也推动了不列颠岛的货币制造，银便士成了主要的货币单位。奥法制定了新的法律，阿尔弗雷德国王也受其影响，兴建了许多大修道院。

然而，奥法死后不久，繁荣的麦西亚就在其他盎格鲁-撒克逊王国的敌对与维京人的劫掠、入侵中走向了衰败。

维京人

8 世纪

在 8—11 世纪,来自斯堪的纳维亚的"蛮族"由海陆两路席卷了整个欧洲,他们的定居点东至君士坦丁堡,西至纽芬兰(Newfoundland)。这些维京人(意为海盗)或诺斯人(Norseman)在欧洲各地经营贸易和抢掠。维京长船在海洋上的灵活性举世闻名。他们进攻之迅猛以及对洗劫教堂与修道院的热衷,更是让当时的历史记录者为之震惊。

当时的不列颠还是一盘散沙,各王国龃龉不断,面对入侵者无力组织建立统一的战线。865 年,挪威与丹麦的维京人组成大军,攻占了苏格兰与爱尔兰的沿海地区,以及英格兰东部与北部地区。他们意图向西部与南部进军,却被威塞克斯(Wessex)的阿尔弗雷德国王所阻挡。阿尔弗雷德与丹麦国王谈判商定划分英格兰,北部与东部归后者所有。这一部分被称为丹麦占领区(Danelaw),维京人在此定居、耕种、贸易,还经营手工业。后来在 1013 年,维京人又一次入侵,在短期内统治了整个英格兰。

虽然维京人通常被描绘成可怕的"蛮族",但他们却为不列颠带来了英雄史诗、造船的技术与贸易的专业知识,并且影响了英语这一语言。

阿尔弗雷德大帝

849—899 或 901 年，加冕于 871 年

阿尔弗雷德是一位伟大的国王，他的远见卓识甚至比他的军事才干更为出众。他开启了一个有着灿烂文化的时代。

至 870 年，丹麦人已经攻占了东安格利亚、诺森布里亚与麦西亚（位于今米德兰），兵锋直指维塞克斯王国。盎格鲁-撒克逊人的国王阿尔弗雷德被迫退兵，回到索姆塞特（Somerset）的阿瑟尔内（Athelney）。他重整旗鼓，在 878 年于爱丁顿（Edington）挫败了维京军队，并于 878 年夺回了伦敦。随后他签订协约，将英格兰划分为两部分，东部与北部由丹麦人统治（即丹麦占领区），其余部分则由撒克逊人统治。他扩充舰队、修筑驻军堡垒以巩固国防。

然而，除了军事才干之外，阿尔弗雷德更重视知识，极力支持教育。许多修道院遭到维京人攻击，英格兰的教育体系受创严重，能使用拉丁语的人数锐减。为了弥补这些损失，他亲自将历史与哲学书籍由拉丁文译成英文，其中就有教宗格里高利的《教牧关怀》（*Pastoral Care*）与比德的《英国人民教会史》。而他最为重要的举措，则是将罗马法、教会法与撒克逊律法整

合为一体，即所谓的《末日法典》（*Doom book*）。现代的英国法律正源于此。

虽然有着众多传奇故事，但阿尔弗雷德最有名的还是一段不知真假的故事：在他与维京人作战过程中，据说他曾在索姆塞特一个农妇的家中避难，后者让他照看炉上的食物。但他忙于制订作战计划，没注意到食物烧煳了。农妇起初极为生气，但她知道阿尔弗雷德的身份后立刻就向他道歉。

"无备者"埃瑟尔雷德
968—1016 年，加冕于 978 年

阿尔弗雷德的继任者们与丹麦人之间有过一段和平时期，而在 980 年到 1014 年间，维京人发起了又一次毁灭性的进攻。英格兰的国王埃瑟尔雷德走投无路，选择用金钱赎买和平，而非抵抗入侵。这笔金钱史称丹麦税赋（Danegeld，虽然名为黄金，缴纳的实际上是白银），而为了筹措这笔款项，他向全体国民摊派了极为高昂的税赋。但丹麦人仍然选择入侵，并且索要更多金钱。

在 1002 年的圣布里斯日（St. Brice Day，11 月 13 日）当天，陷入恐慌之中的国王下令屠杀英格兰领土上的所有丹麦人，

而他的命令或许并未被完全遵守。同年,埃瑟尔雷德迎娶了诺曼底的艾玛(诺曼底是法国的一部分,当时为诺斯人所攻占),试图安抚丹麦人,以免其再次进攻。但斯温·福克贝德(Swein Forkbeard)最终攻占了英格兰全境,1013年,埃瑟尔雷德被迫出逃法国。不久之后福克贝德去世,他一度重夺王位,但很快就离世了。

英国人喜欢给人起绰号。埃瑟尔(ethel)意为"高贵"或"好的",而雷德(rede)意为"询问"或"建议",埃瑟尔雷德就意指"谋划周密的"。这恰好是这位国王缺少的东西,所以人们给了他"无备者"的绰号。考虑到他的顾问既缺乏经验又控制欲强烈,或许苛责埃瑟尔雷德有些不太公平。他在位时,国家的经济确实颇为繁荣,并且有人认为,美国的大陪审团制度正是源于他在位时,沃尔弗斯坦大主教(Archbishop Wulfstan)所推动的法律改革。

卡努特国王

约 990—1035 年，加冕于 1017 年 1 月 6 日

维京人的统治者斯温·福克贝德与埃瑟尔雷德国王在 1014 年、1016 年相继离世，引发了血腥的权力斗争。埃瑟尔雷德的继承人即"铁甲王"埃德蒙二世（Edmund II 'Ironside'）成功抵挡了福克贝德之子卡努特（Canute）——新一任丹麦国王——的扩张，但在 1016 年 10 月落败。为了避免此后继续发生冲突，双方达成了瓜分英格兰的协议，只是埃德蒙在一个月后就离开了人世，卡努特得以掌控大局。

卡努特不是心慈手软的人，他杀死了有机会挑战统治的对手，例如埃德蒙的哥哥。但他的统治带来了繁荣，入侵者的军队也提供了安全的保障。他娶了埃瑟尔雷德的遗孀以巩固王位，并且保留了英格兰的盎格鲁-撒克逊统治阶层的大部分原班人马，只是将整个国家分拆成四个伯爵领地。他资助基督教与教会，甚至前往罗马朝圣，使他赢得了英格兰人的支持，还衍生出一个有名的故事。据说，他受够了那些吹捧他强大到能控制海浪的阿谀之徒，于是就前往海岸，证明只有上帝才拥有这种力量，并且被海浪打得透湿。

卡努特控制了英格兰、丹麦、挪威及瑞典的一部分，但他于1035年去世之后，这个北海帝国（North Sea Empire）就分崩离析。其中的细节不详，但他的两个儿子成了英格兰王冠的竞争者。"飞毛腿"哈罗德（Harold Harefoot）的统治持续了5年，而他同父异母的兄弟哈迪卡努特（Hardecanute）则在他死后继承了王位。哈迪卡努特的统治因暴虐而失败。1042年他去世时，民众欢欣雀跃。此后，"忏悔者"爱德华（Edward the Confessor）即位，英格兰又回到了撒克逊人的统治之下。

"忏悔者"爱德华

约 1004—1066 年，加冕于 1043 年 4 月 3 日

"忏悔者"爱德华是一位盎格鲁-撒克逊国王。他是"无备者"埃瑟尔雷德之子，在哈迪卡努特死后则成了王位的继承人。但他的地位并不稳固——他曾流亡于诺曼底25年，等到他回到英格兰时，许多支持者已经被卡努特的势力所替代。他通常被描述为一位孱弱、不问世事的君主，但他掌控局势的能力则是其强大人格的最好证明。

在爱德华统治下的英格兰与欧洲大陆有着紧密的联系。他年轻时身处诺曼底，其间结识了当地许多贵族，其中就有后来

的"征服者"威廉(William the Conqueror)。他本人有着一半的诺曼底血统,因此他的宫廷也深受诺曼底影响。这招致了丹麦与撒克逊贵族的不满,其中的代表就是颇具影响力的宫廷顾问、维塞克斯伯爵戈德温(Godwin),他的女儿艾迪(Edith)则是爱德华的妻子。1051年,戈德温遭到放逐,但第二年他就带着一支舰队返回,随后恢复原职。当时人们都认为,戈德温的儿子哈罗德·戈德温森(Harold Godwinson)会是王位的继承者。虽然爱德华本人似乎更属意威廉,但法定的继承人则是"铁甲王"埃德蒙的孙子。

爱德华对穷苦者极为慷慨,而他因虔敬赢得了"忏悔者"的头衔。他兴建了威斯特敏斯特修道院(Westminster Abbey),死后也安葬于此。他建立了这座修道院与王权之间的联系。1161年,他被祝圣。

爱德华生前无嗣,王位继承混乱,这将会改变历史。他在1066年年初去世,这一年又称"三王年",也是重大的王位继承危机被引爆的一年。

黑斯廷斯战役

1066 年 10 月 14 日

1066年或许是英国历史上最重要的一年,因为从这一年起,再没有人成功入侵不列颠。

诺曼底人坚持认为,"忏悔者"爱德华国王已经将英格兰的王位许诺给诺曼底公爵威廉,但爱德华的态度似乎在临终前发生了巨大的转变,他宣布维塞克斯伯爵哈罗德·戈德温为继承人。威廉对此拒绝接受,决定用武力夺回应有的遗产。

哈罗德二世国王刚在约克郡的斯坦福桥战役(Battle of Stamford Bridge)中击败了哈拉德·哈德拉达(Harald Hardrada)指挥的挪威军队,这时传来了威廉在南海岸的佩文西(Pevensey)登陆的消息。哈罗德的军队只有 5000 人,并且精疲力竭、行动不便。而他们在黑斯廷斯(Hastings)附近的森拉克(Senlac)山 [今巴特尔山(Battle)] 遭遇的诺曼底军队则有 15000 人,并配有步兵、弓箭手与骑兵。起初,哈罗德的部队用盾墙牢牢地挡住了诺曼底人的进攻。入侵者一方的一些士兵以为威廉已死,就开始撤退,但当防御方的部队打乱阵形开始追击时,诺曼人抓住对方阵形不整的机会杀了个回马枪,发动进攻。

许多人相信,哈罗德被箭矢射中眼睛而死(贝叶挂毯正是如此描绘的),但对此争论颇多。哈罗德是英格兰最后一位盎格鲁－撒克逊国王,他短暂而多事的统治结束了,士兵们发现了他的遗体,并将其安葬在战场附近,不久以后被迁葬到埃塞克斯的沃尔瑟姆修道院(Waltham Abbey)。

1066年的圣诞节,诺曼底的威廉在威斯特敏斯特修道院加冕为英格兰国王。

中世纪晚期

伦敦塔

1070—1100 年

在 1066 年取得胜利之后,征服者威廉在伦敦罗马城墙的东南角兴建了一座巨型石塔。它既是瞭望塔,又是监禁不守规矩的伦敦人或是防御入侵者进攻的要塞,同时还是新的诺曼底君主权力的象征。建筑工程起始于 1070 年前后,直到 1100 年才竣工。当时,伦敦塔是一座不折不扣的庞然大物,足有 90 英尺高。而在往后的 250 年间又经历了多次扩建,原先的石塔演变为一座占地 18 英亩①的巨型要塞的核心。那座石塔又被叫作白塔,因为在 1240 年,亨利三世要求将它刷成了白色。

数个世纪以来,伦敦塔扮演着不同的角色。它是王室的居所,是要塞,是动物园,是军械库,是监狱 [有记录的最早的囚犯是于 1101 年越狱的达拉谟(Durham)主教雷纳夫·弗拉姆巴德(Ranulf Flambard),最近的则是 1941 年被收监的鲁道夫·赫斯(Rudolf Hess)],是行刑场 [例如简·格雷夫人(Lady Jane Grey)],据说还是谋杀现场(亨利六世,1471 年)。

今天,在伦敦塔中存放着英国王冠以及许多武器与盔甲藏品,当然还有不少渡鸦,它们都被剪去了一只翅膀,以免飞离。

---

① 1 英亩为 4046.86 平方米。

这源于查尔斯二世曾听过的传说,如果这里没有了渡鸦,那么白塔就会倒塌,国家也会遭遇大灾难。

《末日审判书》
1086 年

《末日审判书》(*The Domesday Book*)是有关中世纪英国的社会与经济最为重要的记录。征服者威廉曾要求下属调查并记录英格兰的资源与潜能,并评估可征的税款。土地所有者被要求回报诸多细节,例如采邑居民的身份、职业,地产的价值,牲畜、农具、磨坊与鱼塘的数目,等等。这次调查极为详尽,对于许多人而言简直像是末日审判那样无可置疑,所以其调查结果在 1086 年被称作《末日审判书》。

这次调查的范围涵盖了 1086 年英格兰领土的绝大部分,还包括了现今威尔士的一小块,但不包括蒂斯(Tees)以北的部分地区。某些大城市,例如伦敦或温彻斯特,也不在调查范围之内。1087 年威廉去世之后,调查工作即告停歇,留下了一份 475 页的《小末日审判书》,包括埃塞克斯、萨福克与诺福克的详细记录;一份两卷本 413 页的《大末日审判书》,由一位抄写员抄写在羊皮纸上,内容涵盖了英格兰剩余的部分,并经过了校订。

总的来说，这次调查涉及268984人、13418个地点。这些地点中的绝大部分至今仍然存在，只是名字发生了改变。由于诺曼底军队在作战时的破坏，许多采邑被列入了"荒废"的行列。

第一次十字军东征
1095—1099年

十字军东征是指延绵两个世纪之久的一连串宗教战争，由许多信奉基督教的国家发起，旨在清除盘踞于中东圣城的穆斯林势力。1076年，塞尔柱突厥人（Seljuk Turks）占领了耶路撒冷，并统治了许多东方基督徒。但当他们开始不断骚扰朝圣的基督徒时，教宗乌尔班二世决定采取行动。1095年，他号召欧洲的基督徒从穆斯林手中解放圣城。一开始十字军指挥混乱，没有公认的领导者。第一次十字军东征与其说是有组织的军事行动，还不如说是一次大规模移民。隐士彼得（Peter the Hermit）领导着一大群未受过军事训练的农民与小贵族，但他们手无寸铁，在1096年10月惨遭屠杀。

第二次东征则更像是一次有组织的军事行动，欧洲的国王与贵族组织了一支约3.5万人的军队。这批十字军行进路线不一，队伍分散，只在穿着的锁子甲上绘制十字架以作为标记。十字军与穆斯林和犹太人的战斗极为野蛮，大规模处决屡见不鲜。1099年，他们抵达耶路撒冷城下并开始围城，最终攻破了城墙，几乎杀死了城中全部的居民，不论其信仰如何。随后他们在这里建立了信奉基督教的耶路撒冷王国；这是一块为诸穆斯林王国环伺的基督教飞地，尽管战争不断，但依旧坚持到1187年才被萨拉丁所灭亡。

欧洲的骑士阶层被鼓动着发动十字军东征，而欧洲的学者却开始学习阿拉伯的文字。他们对穆斯林的文化越发认同，最终结出了文艺复兴的硕果。

亨利二世与安茹帝国

1133—1189年，加冕于1154年

征服者威廉去世后，他的两个儿子即威廉一世与亨利一世相继继承了王位，然而亨利一世的独子在1120年的"白船沉没"事件中溺水而死，由此引发了王位继承危机。亨利的侄子布洛瓦的斯蒂芬（Stephen of Blois）取得了王位，却招致了一场长达19年的内战（"无政府时期"），对手则是亨利的女儿——玛蒂尔达皇后（Empress Matilda，也是法定继承人）。尽管在军事上数次受挫，但亨利在有生之年一直牢牢掌握着王权，最终选定玛蒂尔达之子亨利作为自己的继承者。

1154年斯蒂芬去世,新王亨利二世则成了欧洲最为强大的君主。他统治着辽阔的安茹帝国(Angevin Empire),从他的父亲、安茹的杰弗里(Geoffrey of Anjou)手中继承了法国北部的领地,而通过与阿基坦的埃莉诺(Eleanor of Aquitaine)联姻获得了法国西南的大部。

亨利是一位极有能力的君主。在35年的统治生涯中,虽然他身处英格兰的时间不到其中一半,但他无疑是一位称职的国王。他确定了不列颠原先模糊不清的边界线,从苏格兰人手中夺回了坎布里亚(Cumbria)与诺森伯兰。他还是第一位踏上爱尔兰岛并将其纳入统治的英格兰国王。他整肃了先王斯蒂芬在位时的混乱局面,大力整治腐败,并开始以陪审员法庭替代神意裁判,最著名的故事或许是他与托马斯·贝克特不和。

亨利与家族成员的关系很差。1173年,他野心勃勃的儿子们发动叛乱,安茹帝国由此瓦解。他在与儿子理查(Richard)和谈时去世,后者则继承了王位。

这一家族又称金雀花家族,因为安茹的杰弗里曾选择金雀花的嫩枝作为家族的徽记。

托马斯·贝克特之死

1170 年 12 月 29 日

亨利二世一生中最大的污点正是他与托马斯·贝克特的冲突。贝克特原先是亨利的好友与大法官，8 年来一直过着极为奢华的宫廷生活方式。但在 1162 年，亨利被教会的横加干涉所激怒，决定任命贝克特为坎特伯雷大主教，希望以此掌控局势。

然而，贝克特的职位却对他造成了极大的影响——他开始虔信神灵、追求禁欲苦行的生活方式，常常自我鞭挞以求赎罪，并且在外衣下面穿着一件毛衣。贝克特现在忠于教会，而非亨利本人。他致力于让教会摆脱掌控，不愿为亨利所控制，并在 1164 年出奔法国。这彻底触怒了亨利。6 年之后，亨利试图达成和解，但贝克特处罚了 6 位曾支持过亨利的主教，宣告和解破裂。国王陷入了暴怒，下达了那个使他恶名昭著的命令。（有一种说法，他说"难道没有人能让我摆脱这个难以掌控的牧师吗？"）4 名骑士受命为国王解决问题，他们骑马前往坎特伯雷，在大教堂中杀死了贝克特，只是没人知道他们是否一开始就抱着杀人的念头。

亨利心烦意乱，畏惧遭受绝罚，于是身着粗布衣来到坎特伯雷大教堂，请求鞭挞。贝克特被视作殉教者，教宗亚历山大三世知道亨利不会抵抗，于是抓住机会提高教会的影响力。1173年，贝克特被祝圣。不久之后，他在坎特伯雷的坟墓就被视为圣所和朝觐之处。他的死亡标志着英国国王与教会之间的关系发生转折，遗留的影响则一直持续到英国宗教改革时期。

"狮心王"理查一世

1157—1199年，加冕于1189年9月3日

理查一世举兵向他的父亲亨利二世发起叛乱，致使后者早早离世，随后自己当上了国王。他跟随法王菲利普二世一同参与了第三次十字军东征，意图夺回萨拉丁在1187年所攻占的耶路撒冷城。他对自己的国家不闻不问，实际上在位期间他在英格兰只待过6个月，并且基本不会说英语——但这并不妨碍他为了筹措远征的军费而对臣民课以重税。

1191年6月，理查抵达了圣城脚下，沿途还在阿克里（Acre）与阿苏夫（Arsuf）取得了大胜。他在胜利后表现得残酷无情：在占领阿克里后，他下令处决了2700名穆斯林人质。他与菲利普和奥地利的利奥波德公爵（Duke Leopold of Austria）不和，因而被两人抛弃。尽管他距耶路撒冷惟余咫尺之遥，但最终还

是无力攻克。1192年，他与萨拉丁签订了停战协议。

理查动身返回英格兰，却被利奥波德公爵所俘虏，后者要求支付高达10万镑的巨额赎金。理查在国内名望极高，并且代替他主事的贵族能力出众，于是英格兰在沉重的税赋之外又挤出了这笔赎金。

理查不在国内时，他的兄弟约翰与菲利普二世勾结，阴谋发动政变。所幸理查及时返回，约翰没能染指王座；然而，他几乎一回国就动身前往诺曼底，意图夺回菲利普先前抢占的领地，并在沙露堡（Castle of Châlus）围城期间被弩箭射中而死。

约翰王

1166—1216年，加冕于1199年

约翰接受过教育，对政府的运作和法律颇感兴趣，但他却留下了叛逆者、贪婪与残暴的恶名，并且在管理臣民上堪称灾难。

约翰是亨利二世最小的儿子（四子）。他一开始没有任何封地，于是有了"无地者"的绰号。他与他的兄长们合谋反叛父亲，随后又调过头反叛他的兄长。在约翰最后一位在世的兄长"狮心王"理查死后，他三哥的儿子亚瑟继承了王位——然后很快就去世了,当然是被谋杀的。

1199年即位之后,约翰触怒了教宗。1208年,英格兰遭到禁罚;1209年,约翰本人遭到绝罚。这两次惩罚都不是永久的,但教堂暂时关闭使民众备感不安。而在法国,约翰把大片领土丢给了法国人,他为此得到了一个新绰号——"软蛋"。此外,为了给他一次次意图夺回领土的徒劳举动募集军费,他对已经颇为不满的臣民征收更为高昂的税赋。1215年,他意图从下属的男爵们身上压榨金钱,对方因此发动叛乱并起草了一份文件[后来被称为《大宪章》(Magna Carta)],强迫约翰签字。他确实签了字,但并没有遵守这些条款,于是很快国家就陷入了内战。

当国王率领军队横穿诺福克时,运载行李的马车在沃什湾(Wash)的流沙间倾覆,车上装载的物品(包括王冠上的宝石)消失无踪。此后不久,国王罹患疾病,有可能是痢疾(据说是吃了大量桃子、饮用了过多新酿的苹果酒所致)。约翰于1216年10月去世,王冠传到了他年仅9岁的幼子手中。

《大宪章》

1215 年 6 月 15 日

在实现民主的历史中，《大宪章》是最为著名、最为重要的法律文献。虽然它提及了个人的自由正遭到威胁，在象征意义上颇为重要，但它的初衷并不在于规定权利。从本质上说，起草这部宪章的目的是制约约翰国王的权力，并避免内战爆发，但这两大目的最后都未能达成。

在《大宪章》的 63 项条款中，最为重要的当属如下条款：给予教会自主任命权、限制国王的封建权力、保证所有人都有权接受公平的审判并免遭非法拘留（人身保护权的基础），而其余的许多条款则只是涉及了一些细枝末节的小事。

约翰国王绝不是什么受人爱戴的君主，《大宪章》则列举了他统治时犯下的诸多错误。为了让反叛的男爵们满意，也为了争取时间，国王在这份文件上签了字。这些新规则本应由 25 位男爵组成的议会执行，而宪章的各项条款则被分发到全国各地以供阅读。借助《大宪章》，约翰国王实际上将他自己及此后的每一位君主都置于法律的约束之下。然而国王与叛军双方都没有遵守这些条款，国家很快就陷入了内战。

尽管如此,在此后的岁月里,这份宪章还是被多次引用。它始终是英国政治自由与法律的重要象征。

爱德华一世与议会的崛起
1239—1307 年,1272 年即位,1274 年加冕

爱德华一世身高 6 英尺 2 英寸①,因此有一个"长腿"(Longshanks)的绰号。他的父亲亨利三世去世时,他正在从十字军返回故乡的路上。爱德华一世最著名的成就是他对威尔士与苏格兰的战争,1291 年,他介入了苏格兰的王位继承危机,并指定约翰·巴列奥尔(John Balliol)为国王。但他要求苏格兰承认自己的霸权,巴列奥尔发现自己成了威斯特敏斯特的应声虫。当爱德华要求苏格兰与自己一同对抗法国时,愤怒的苏格兰人站在了法国的一边。作为报复,爱德华开始向苏格兰进军,并屠杀了贝尔维克(Berwick)的居民。巴列奥尔被逼退位,但威廉·华莱士(William Wallace)与罗伯特·布鲁斯(Robert Bruce)则秉着爱国主义激情,捍卫自己的独立,以至英格兰人迟迟不能征服这个国家。

爱德华挑起的战争需要大量税款,因此频繁地召开议会,

---

① 1 英寸为 2.54 厘米。

这些议会的政治地位也变得愈发重要。1295年召开的模范议会（Model Parliament）明确定义了这个机构，此后数百年都不曾更改。爱德华积极介入政府的运行体制，在他在位期间，议会首次得以定期召开。

1290年，爱德华驱逐了英格兰的犹太人并没收其财产，这一方面是因为需要军费，一方面也是受当时的反犹主义所驱使（当时已经要求犹太人佩戴黄色徽章）。直到1656年，犹太人才被允许返回。

威廉·华莱士爵士
约1272—1305年

威廉·华莱士带领苏格兰人，掀起了一场反抗英格兰霸权的大规模叛乱，并被视为苏格兰的民族英雄。英格兰不断介入苏格兰的内政，使得后者越发不满，这种情绪在1292年达到了顶峰。爱德华一世将约翰·巴列奥尔扶上了苏格兰的王座，期望后者为他计划中的对法作战提供人员与军费。但1295年苏格兰却与法国签订了协约，而英格兰出于愤怒在1296年入侵苏格兰，洗劫了贝尔维克，在邓巴（Dunbar）击败了苏格兰的军队，将巴列奥尔投入监狱并迫使其退位。

据称在 1297 年 3 月，威廉·华莱士杀死了英格兰派驻在拉纳克（Lanark）的总督威廉·哈瑟里奇爵士（William Haselrig），掀起了一场波及全国的叛乱。此后他又攻占了英格兰的许多堡垒，并在 1297 年 9 月 11 日的斯特灵桥战役中（Battle of Stirling Bridge）以少胜多，击败了英格兰军队。苏格兰人充分利用这场胜利，向南方发起血腥的劫掠，而华莱士则被推举为王国的守护者之一。

但在 1298 年 7 月，英格兰的大军在福尔柯克战役（the Battle of Falkirk）击败了华莱士，他被迫隐姓埋名逃亡法国，数年后回到故土，却在 1305 年于格拉斯哥（Glasgow）附近被捕。他被带到伦敦，以叛国罪为由遭到审判，即使他从未向英格兰国王宣誓效忠。他被处以绞刑、溺死并被分尸。

布鲁斯的罗伯特

1274—1329 年

布鲁斯家族、巴列奥尔家族和科明斯家族并称为苏格兰最强大的三个贵族。在爱德华一世于 1296 年入侵苏格兰时，布鲁斯家族给了对方战略支持，期望能取代巴列奥尔坐上王座。但他的野心却遭到挫败，因为爱德华决定将苏格兰归为英格兰的行省。

因此，布鲁斯的罗伯特选择支持威廉·华莱士的叛军，在欧文（Irvine）和艾尔（Ayr）挑起叛乱。在1298年福尔柯克战役失败后，布鲁斯与他的敌手约翰·科明被指定为苏格兰的守护者。1306年，他杀死了科明，自行加冕为苏格兰的罗伯特一世。罗伯特被爱德华一世废黜并逃亡，在爱德华去世、他软弱的儿子爱德华二世即位后一年回到了苏格兰。罗伯特与英格兰人打了数年的游击战，最终在1314年6月的班诺克本战役（Battle of Bannockburn）中取胜。这场胜利奠定了布鲁斯的罗伯特的英雄声望，并坚定了他谋求苏格兰独立的决心。

1320年，一群贵族代表写信给教宗若望二十二世，他们在所谓的"阿布罗斯宣言"（Declaration of Arbroath）中请求教宗宣称布鲁斯是合法的君主。1324年，教宗的承认函抵达苏格兰，强化了苏格兰人的民族认同感，加剧了其对英格兰统治的抗拒。

罗伯特重建了对抗英格兰的法苏联盟。在1327年爱德华二世的儿子（即爱德华三世）即位后，英格兰与苏格兰达成了和解，虽然新任国王很快食言，拒绝承认苏格兰独立。

百年战争（第一部分）
1337—1377 年

百年战争是英格兰与法国持续了 116 年之久的一场断断续续的战争。战争源于英格兰与法国之间长期紧张的关系，并且与英格兰王室在法国的领地 [尤其是西南部的加斯科尼（Gascony）] 紧密相关。1328 年查尔斯四世死后，法国出现了王位继承危机，使得局势进一步恶化——爱德华三世由母亲而来的王位宣称遭到否认，法国王位落入他的表兄弟瓦卢瓦的腓力（Philip of Valois）之手，加斯科尼也在 1337 年遭到占领。作为回应，爱德华入侵了法国。虽然军力较少且在陌生的土地上作战，但英格兰的军费更为充足，并且配备了长弓手，后者在克雷西战役（Battle of Crécy）中起到了决定性作用。

到了 1340 年，英格兰的海军已经控制了英吉利海峡，并于 1347 年占领了加莱。与此同时，爱德华的长子"黑王子"在东南部取得大胜，并于 1356 年在普瓦蒂耶（Poitiers）俘虏了法国国王。1360 年法国宣告投降，交出了东南部的领地，以此换取爱德华放弃对王位的宣称权。

1369 年，战火重燃。新王查尔斯五世将英格兰人赶回了东北部。法国重新控制了海峡,而"黑王子"这位名望颇高的老练将领则罹患疾病,并在 1376 年去世。

而在英格兰,人们对国王的横征暴敛以及对他的情妇爱丽丝·佩勒斯(Alice Perrers)的不满愈发汹涌。1377 年,法国军队登上了英格兰的海岸,而爱德华三世在他的儿子去世一年后撒手人寰。

克雷西战役
1346 年 8 月 26 日

在法国北部发生的克雷西战役,是百年战争中的第一场决定性战役,对往后的战争造成了深刻的影响。

爱德华三世的部队在诺曼底登陆,并被腓力四世统帅的法军驱赶至索姆河(Somme)北岸。虽然部队远少于法军,但爱德华却占据着地利。战斗的地点是一座丘陵,爱德华得以由此清楚地观察到敌军的动向。十六岁的"黑王子"指挥的无甲骑士与步兵位于军阵核心,两边则是来自威尔士和英格兰的弓箭手。雨水使丘陵变得湿滑,而太阳位于英格兰军阵后方,晃花了法军的眼睛。英格兰的长弓手射程与射速均强于法军的弩手,法军骑士屡次试图冲上山坡,却都倒在了长弓的箭雨中。法军有数千名骑士战死,腓力被迫撤退。

克雷西战役标志着军事战术的转变。法国的贵族惨败于平民长弓手之下,意味着由受到严格规章约束的佩甲骑士所维系的封建传统受到了挑战。骑士开始退出战争的舞台,但法国却在10年后的普瓦蒂耶重蹈覆辙。

为了庆祝胜利,爱德华三世创立了嘉德骑士团(Order of the Garter)。它是英国最高荣誉之一,除在任君主与皇家骑士之外,同一时期只能接受24名成员。

黑死病
1348—1350年

黑死病是一场自1348年夏季起波及全欧洲民众的可怖的瘟疫。这场瘟疫在全世界杀死了数千万人,人们相信这是由受感染的老鼠身上的跳蚤传染给人类的。黑死病指的是最常见的腺鼠疫,患者会在颈部、腋窝或腹股沟长出疼痛的肿块,淋巴结发生病变时肿块会变黑,患者常常会在一周之内病死。败血症鼠疫则会导致血液中毒,而最少见也最致命的变种则会攻击患者肺部,常常两天之内就能致人死亡。教堂内已经建满了坟墓,还活着的人只好把尸体埋进"鼠疫坑"的集体坟墓中。一座座城镇遭到废弃，劳动力严重短缺。当时的人们对这种疾病一无所知。据估计，欧洲半数的人口在瘟疫中丧生，而英格兰则失去了 1/3 的人口。

人的大量死亡带来了经济的巨大变化。财富集中到了幸存者的手中，社会的流动性上升，但人们对教会普遍失去了信仰，因为它既不能解释这场瘟疫，又不能阻止其蔓延。许多人将这场瘟疫视作神对人类罪恶的惩罚。少数群体，尤其是犹太人，则被指控为制造瘟疫的罪魁祸首，并遭到残酷的迫害。

到 1350 年末，黑死病已经大半消失，虽然一直到 17 世纪仍然偶有暴发。

近年来一些科学家提出，黑死病实际上并不是鼠疫，而是炭疽或是某种与埃博拉（Ebola）病毒相似的病毒。

农民起义
1381 年

1381 年的农村承受着沉重的压迫。黑死病带走了 1/3 的劳动力，而为了控制人力成本的上涨，政府通过了一项限制现存农民流动并固定农民收入的法令，但许多农民仍然认为，自己完全有权利争取更好的生活条件。封建农奴制度不仅压榨农民，还迫使那些新获土地的农民无法照料自己的土地。而在这些问题之外，14 岁的理查二世的顾问们民望极差，人们根本不信任他们。最后，一项为百年战争的军费而征收的人头税则成了压垮骆驼的最后一根稻草。

1381 年 6 月，瓦特·泰勒（Wat Tyler）与约翰·鲍尔（John Ball）掀起了一场遍及整个东南地区的农民起义，向伦敦发起进军，意图彻底推翻封建制度。他们沿途烧毁税簿，攻占马歇尔希（Marshalsea）与舰队监狱，并摧毁了国王的顾问们名下的财产。其他的起义者则洗劫了伦敦塔，杀死了坎特伯雷大主教及财政大臣。

年轻的国王在史密斯菲尔德（Smithfield）与起义者进行谈判。泰勒被伦敦市长刺死，这引起了骚乱，但国王许诺满足起义者的诉求，平息了混乱。国王的支持者们也组织起了民兵卫队。起义一结束，国王就违背了自己的承诺，围捕并处死了起义的领导者。但引起众怒的人头税最终被废除，英格兰的封建制度并未维持多久。

《威克里夫圣经》与罗拉德运动

1382—1395 年

约翰·威克里夫（John Wycliffe，约 1320—1384）是牛津大学的哲学教授，也是神学家与宗教改革者。他强烈反对教宗影响世俗宫廷（包括收取贡品等，因此得到了爱德华三世及其政府的支持），并批评教会滥用权力。他坚持认为《圣经》而非教宗才是最大的权威。

1378 年，威克里夫与牛津的一些同僚违反教会的规定，决定将《圣经》由拉丁文译为英文，从而让更多的人都能读懂。这一工作从 1382 年一直持续到 1395 年前后，威克里夫获得了许多支持者，其中许多人都读不懂拉丁文。教会则指责这本《圣经》意义不准确，试图进行镇压，而未经教宗许可翻译《圣经》也成了一种异端行为[两个世纪后，威廉·廷代尔（William Tyndale）将《圣经》由希腊文译为英文，因而被处以绞刑与火刑]。1382 年，威克里夫被指控为异端，并被牛津大学开除。他的支持者被称为"罗拉德"（Lollards），他们遵循威克里夫的教导，将《威克里夫圣经》传播到全国各地。在此后的 20 余年里，罗拉德派一度十分兴盛但也遭到了残酷的迫害，一些人因此被处以火刑,所以支持者逐渐变少。在亨利八世统治期间,罗拉德派的残余则加入了日渐壮大的新教。

百年战争(第二部分)
1377—1453 年

1370 年先后,法国曾一度迎来复兴,但查理五世在 1380 年去世,复兴之势猝然而止。他的继承者年纪尚小,宫廷则分裂成纷争不断的各个派系,最终查理六世戴上了王冠。1389 年,英格兰与法国签订停战协约,此后的 26 年则较为和平。

1392 年,查理六世陷入疯狂,法国爆发内战。亨利五世统治下的英国抓住时机,派兵收复位于法国的领地。在勃艮第公爵(Duke of Burgundy)的援助下,亨利夺回了诺曼底,在 1415 年攻占阿夫勒尔(Harfleur),并向阿金库尔(Agincourt)进军。在阿金库尔,英格兰军队面对着一支四倍于己的法军。因为当地遍地泥泞、法军身穿重甲,以及借助英格兰长弓手,亨利取得了辉煌的胜利。

亨利迎娶了法兰西国王的女儿,并在 1420 年被列为法国的摄政王与继承人,他的统治似乎完满无缺了。但是他在两年之后去世,幼子亨利六世即位。1429 年,圣女贞德(St Joan of

Arc）在奥尔良之围（the Siege of Orléans）中大败英格兰军队，但本人被俘虏，并以女巫罪被处以火刑。

1435年，勃艮第换边站队，局势逆转。法国的查理七世开启军事改革，尤其专攻炮兵。法国军队一路推进，夺回了几乎全部的法国领土。1453年战争结束，英格兰在法国仅保留了加莱一块领地，最终在1558年归还给法国。战争结束后，两国的经济形势都有所改善，国家与民族认同感更为深厚。英语彻底取代了法语，成为英格兰日常交流所用的语言。

杰弗里·乔叟与《坎特伯雷故事集》
1387年

杰弗里·乔叟（Geoffrey Chaucer，1343—1400）出生于伦敦，他被视作英国文学之父。他一生交游广泛，做过外交官、朝臣、律师及政府官员。在他的作品中能看见这些经历的影子。他前往意大利旅行时，似乎受到了早期文艺复兴文学的影响，特别是薄伽丘与但丁·阿利吉耶里（Dante Alighieri）。

他的第一部著作《公爵夫人之书》（*Book of the Duchess*），是一部哀悼于1369年去世的冈特的约翰（John of Gaunt）之妻布朗什（Blanche）的寓言。其他作品还有《众鸟之会》

(Parlement of Foules）与《特洛伊罗斯与克丽西达》（Troilus and Criseyde）两部诗篇，后者主要改编自薄伽丘的一部戏剧。

乔叟在 1387 年动笔创作了他最为著名的作品——《坎特伯雷故事集》（The Canterbury Tales）。这部作品讲述了一群朝圣者从伦敦出发，前往托马斯·贝克特位于坎特伯雷的墓地朝觐，一路上依靠讲故事打发时间。这群人的来历不同，职业各异，背景不一，贴近真实生活，生动地描绘了当时英国的社会风貌。其中一些故事（例如米勒的故事）略显猥亵，而其他的则或庄重严肃，或意在讽喻。这部著作中共有 24 个故事，而乔叟原本计划写 120 个。

《坎特伯雷故事集》并非第一本以英语写作的作品，但它对推广和普及英语意义重大，英语取代法语和拉丁语成了英国的文学语言。这部作品的文笔与风格富于变化，乔叟由此被认为是当时英国最伟大的诗人。

威廉·卡克斯顿

约 1422—1492 年

1450 年前后，德国人约翰·古腾堡（Johann Gutenberg）发明了印刷术，而威廉·卡克斯顿（William Caxton）则将这种技术引进了英格兰。卡克斯顿是一位成功的外交官与商人,在1462到1470年间曾担任英国商人与冒险家公会的会长。到那时为止,他已经在布鲁日(Bruges)居住了近20年,随后才迁居科隆(Cologne)。

他在科隆学会了印刷技术,1476年返回英国,并在威斯特敏斯特修道院附近建立了英国第一家印刷厂。这时恰值爱德华四世在位,英国处于和平时期,正在重建,卡克斯顿的印刷厂也得到了国王的赞助。

在英格兰,印刷术同在其他各地一样,打破了教会对书籍和知识的限制。书籍大规模生产压低了学习的成本,打破了旧有的教育垄断,并提升了社会的流动性。教育对民族认同感和知识生活的作用愈发显著,而印刷术的引入逐渐推动了英语拼写标准化的进程。(卡克斯顿也留下了某些奇怪的拼写,例如 ghost 一词中不发音的 h,就来自荷兰语或弗拉芒语的拼写。)

英语已经取代法语和拉丁语,成了口头交流所用的语言。现在,卡克斯顿将荷兰语、拉丁语和法语的文学作品译为英语,由此英语成了书面交流的语言。里弗斯伯爵(Lord Rivers)的《哲学家的颂歌与名言》(*Dictes and Sayinges of the Philosophers*)是第一部以英语出版的作品。卡克斯顿印刷了约100部书,其中就有乔叟的《坎特伯雷故事集》与马洛里(Malory)的《亚瑟之死》(*Le Morte d'Arthur*)。

玫瑰战争

1455—1485 年

玫瑰战争是一场发生在王室两大分支之间的、旷日持久的权力斗争。这两个分支都源于爱德华三世,其一是约克家族(以白玫瑰为纹章),其二则是兰开斯特(Lancaster)家族(与红玫瑰有关,但是后来为了给这场战争起名而特意夸大了这种联系)。1399 年,亨利·博林布鲁克(Henry Bolingbroke,即亨利四世,爱德华三世的三子)从无子的表兄弟手中接过了王冠,由此引发的争议正是两大家族敌对的根源。

自 1422 年起,坐在王座上的一直是兰开斯特家族的亨利六世,但他身体虚弱、精神不稳定,于是约克公爵理查——作为爱德华次子的后代,他本人也有王位继承权——不得不在 1454 年以摄政王的身份短期执政。然而,亨利恢复了理智,两大家族之间由此爆发战争。1455 年,约克家族在圣奥尔本斯取胜,随后又在北安普顿取胜。但约克公爵最终在维克菲尔德(Wakefield)死去,他的儿子则在 1461 年的陶顿(Towton)为他复仇,并加冕为爱德华四世。

爱德华的平静统治一直延续到 1470 年,随后遭到废黜并流亡。亨利六世一度复辟，但1471年爱德华重夺王冠后就将他投入监狱并杀死。1483年，爱德华四世去世，他的幼子爱德华五世即位，但他和他的兄弟却神秘失踪。他们的叔叔篡夺了王位，史称理查三世，但于1485年被杀害。

直到兰开斯特家族的亨利·都铎（Henry Tutor）在博斯沃思（Bosworth）取胜，加冕为亨利八世时，这段混乱的时期才告终结。亨利八世迎娶了约克家族的伊丽莎白（Elizabeth），两大争斗不休的家族由此合为一体，其象征就是红白交融的都铎玫瑰。

理查三世

1450—1485年，加冕于1483年7月6日

理查，约克公爵理查·金雀花（Richard Plantagenet）的末子，是英格兰约克王朝最后一位国王。他曾与兄长爱德华四世并肩作战，在巴尼特（Barnet）和蒂克斯伯里（Tewkesbury）表现出众。1483年4月，爱德华四世去世，他12岁的幼子即位为爱德华五世，而理查则被任命为摄政王。

爱德华四世的妻子伊丽莎白·伍德维尔（Elizabeth Woodville），是一位平民和寡妇，这场婚姻颇为人所诟病。在他死后，

一群贵族在 1483 年 6 月 25 日举行集会，宣称这一婚姻非法，国王与他的兄弟不是合法继承人。第二天，理查三世自己登上王位，而身处伦敦塔中的两位王子就此不知所踪。他们为何失踪一直以来都是谜团，但鉴于理查显然是最大的受益者，他害死侄子的流言由此甚嚣尘上，这使他失去了大量支持者。

都铎王朝的历史学者将理查描述成残暴的怪物，正如莎士比亚在《理查三世》中所描述的那样，身体畸形且心灵扭曲。然而，现代研究则给出了完全不同的答案——或许他的确工于心计、野心勃勃，但这些缺陷被夸大了。鉴于曾有过理查舞姿优雅的记载，他的身体缺陷即使有也相当轻微，甚至根本是子虚乌有。近年来，人们也认识到了他的忠诚、无畏与虔诚。

1483 年的政变未能推翻理查的统治，但在 1485 年，亨利·都铎发动入侵，理查在博斯沃思战役中兵败身亡。根据传说，理查倒下时将王冠扔进了荆棘丛中。那顶王冠后来从那里被找到，并戴到了亨利的头上。

文艺复兴

约 14—17 世纪

　　文艺复兴是指欧洲社会与文化的变革,它打开了现代社会的大门。

　　随着探险家们拓宽了地理认知的边界,欧洲的商人们为了寻找奢侈品而前往东方,进行新的贸易,也学会了阿拉伯数字。世界的经济变得越发错综复杂,商人阶级在意大利的诸城市中兴起,资本主义经济方兴未艾。

　　罗马文化对欧洲发展的影响已被忘却泰半,但拜占庭帝国(Byzantine empire)还保留着罗马的文化,经由贸易影响着意大利。对古典文化兴趣的重燃定义了文艺复兴时期的文化,特别是艺术,在商人家族的委托创作下得以蓬勃发展。建筑艺术由哥特风格走向古典主义,艺术家们更注重描绘现实,开始使用透视法。

　　在文艺复兴时期,人文主义思想借助新发明的印刷技术得以传播。诸如伽利略、哥白尼这样的科学家,借助新的仪器与从中东传来的科学知识(包括天文学与代数)有了开创性的发现。列奥纳多·达·芬奇这样的"文艺复兴人"则在诸多领域都颇有建树。哲学与科学的进步挑战着教会的权威,并影响了宗教改革。

　　文艺复兴的思潮席卷了整个欧洲,并在 14 世纪末 15 世纪初影响了英格兰。乔叟这样的作家推动了英语成为文学语言的进程,而在英国宗教改革之后,人文主义文学迎来了复兴(也被称为英格兰文艺复兴),其最具盛名的代表是莎士比亚的诸多作品。

都铎王朝

亨利八世

1491—1547 年,加冕于 1509 年 6 月 24 日

在亨利八世即位之初,英国迎来了一段黄金时期。亨利从他的父亲手中继承了庞大的遗产,由母亲手中得到了王位的合法继承权。年轻的他体格健壮、头脑聪颖、信仰虔诚,他是各种艺术的赞助人,尤其是音乐与建筑。他不喜欢冗长繁重的政事,于是将其统统委托给沃尔西(Wolsey)和托马斯·克伦威尔(Thomas Cromwell)之类的大臣。但他酷爱战争,1513 年,他在吉内盖特(Guinegate)击败了法国,并在弗洛登(Flodden Field)击败了苏格兰。

随着时间流逝,亨利的性情变得越发乖戾。他执迷于获得一位男性继承人,为此先后 6 次结婚。他的第一任妻子阿拉贡的凯瑟琳(Catherine of Aragon),是他已故兄长的望门寡,为他生育的子女中只有玛丽一人成活。亨利觉得自己的婚姻被上帝所厌弃,因为这是他迎娶自己兄长的妻子的惩罚。18 年后,亨利决定废除这段婚姻以迎娶安妮·博林(Anne Boleyn),后者为他生育了伊丽莎白。但教宗拒绝承认离婚有效,亨利八世与教会由此起了冲突,最终亨利被处绝罚,英国宗教改革也

因此而起。

亨利八世在政治上镇压异见者，任何人稍有违逆就会被下令处决，其中包括许多前任大臣，以及他的第二任妻子安妮·博林与第五任妻子凯瑟琳·霍华德（Catherine Howard）。亨利的第三任妻子是简·西摩（Jane Seymour），她诞下了一位男性继承人爱德华，此后不久就离世了；第四任则是克利夫斯的安妮（Anne of Cleves），6个月后就被休弃。亨利死于1547年，死时国库濒临耗竭。他最后一任妻子凯瑟琳·帕尔（Catherine Parr）活得比他更久，并在他死后改嫁。

英格兰宗教改革
1529—1536 年

亨利八世热切盼望着能有一位男性继承人，为此他与教宗和欧洲的天主教会冲突不断。亨利其实是虔诚的天主教徒，此前教宗曾将他封为"信仰卫士"，作为对他公开驳斥马丁·路德的改革派思想的酬谢。

亨利否认教宗对英国天主教会的权威，于1534年宣称自己为教会的最高领袖，在大半国民仍信仰天主教的情况下，终结了教宗对国家的掌控，并以此确保了自己离婚的效力。任何公开表示异议的人都会被以叛国罪处决。《至尊法案》（*The Act of Supremacy*）标志着"陛下"（Your Majesty）这一敬语首次出现，英国由此向着法律自立的方向走出了第一步。1549 年，托马斯·克兰麦（Thomas Cranmer）的《新教公祷文》（*Protestant Book of Common Prayer*）成书，并为各教堂所使用。

与罗马决裂只是英格兰宗教改革的起点，这场宏大的运动一直持续了数十年之久。在一段时期的宗教混乱之后，伊丽莎白一世颁布了诸多政策，将多种不同的宗教观点整合为圣公会。

而英格兰宗教改革也只是全欧洲宗教改革运动中的一部分。马丁·路德在 1517 年推动了宗教改革，彼时教会体制下的严苛教义、奢侈无度及严重腐败引起了欧洲天主教徒的不满，宗教改革正是对现实的回击。它的根源可以追溯到近 150 年前约翰·威克里夫这样的改革者身上。英格兰宗教改革并不只是英王亨利离婚的副产品。

拆毁修道院运动

1536—1541 年

宣布离婚并与罗马决裂之后，亨利八世亟需遏制罗马教会在英格兰的权力，同时还要为他在法国和英格兰徒劳无功但耗费巨大的战争寻找财源，于是他盯上了数量庞大又有大量财产的天主教修道院。在5年之内，800余座天主教修道院遭到拆毁，被当作建筑材料的来源，被卖给有意向接手的贵族或是改宗为圣公会修道院。绝大多数的修道士与修女的待遇都还不差，但那些反抗者则遭到处决。这样攫取到的金钱不如预期，于是亨利又将修道院的土地出售给商人和贵族，由此创造出一批新的、支持他的土地所有者。

虽然那些从中受益的贵族确实站在亨利一边，但在北方，许多天主教徒对此极度愤慨。1536到1537年间发生了求恩巡礼（the Pilgrimage of Grace）暴动，但很快就遭到武力镇压，然而亨利还是做出了一些微小的让步。某些神职人员确实赞同改革派的纲领，但他们惊骇地发现，拆毁修道院所得的收益全数进了国王的腰包，而非用于资助兴建医院与学校，以替代修道院原先所具有的职能。而最大的损失则在于文化——许多圣祠遭到洗劫，许多圣像遭到掠夺，无数无价的文稿就此永远亡佚。

"九日女王"简·格雷夫人
1536/1537—1554 年

简·格雷夫人是英国历史上在位时间最短的君主,也是英国第一位女王。简在年幼时遭受父母的虐待,只能在书籍中寻求安慰,并因此成了当时最为博学的女性。她是虔诚的新教徒,对语言极有天赋。她先是被她的父亲操纵,意图嫁给爱德华六世;随后她与吉尔福德·杜德雷勋爵(Lord Guildford Dudley)结婚,又成了她的公公诺森伯兰公爵(Duke of Northumberland)的傀儡。

16 岁的爱德华六世的健康每况愈下,王位的继承人选成了头等大事。许多人想将信奉天主教的玛丽公主剔出继承顺位,以免新教改革的成果付诸东流。诺森伯兰作为爱德华政府的首脑,说服国王宣布同父异母的姊妹玛丽和伊丽莎白的继承权非法;根据亨利八世的遗嘱,信奉天主教的玛丽是王位的第一顺位继承人。诺森伯兰将简·格雷选定为第一顺位的继承者,因为她是亨利八世次女的女儿,还是他儿子的妻子。

1553 年 7 月 6 日,爱德华六世去世,4 天之后简就被诺森伯兰扶上了王座。然而,玛丽立即宣布王位继承无效,并很快赢得了广泛的民意支持。玛丽觉得如果简活在世上，就会成为新教徒发动叛乱的理由。于是在1554年2月12日，不满17岁的简目睹她的丈夫在伦敦塔前被斩首之后，自己也遭到了处决。

玛丽一世（"血腥玛丽"）

1516—1558，加冕于1553年7月19日

玛丽公主是亨利八世与他第一任妻子阿拉贡的凯瑟琳唯一幸存的后代。在父母离婚之后，玛丽被褫夺头衔，逐出宫廷，并被剥夺了继承权。安妮·博林被处死后，她同父异母的姊妹伊丽莎白遭受了相同的命运。最后直到1544年，玛丽和伊丽莎白的继承权才得以恢复，顺位排在她们同父异母的兄弟爱德华之后。

1547年亨利去世，9岁的爱德华六世在摄政王监护之下即位。他延续了亨利的宗教政策，并越发偏向新教一方。但年幼的国王体弱多病，于1553年去世。将简·格雷夫人赶下王位之后，玛丽以胜利者的姿态进入伦敦，摘取王冠。

玛丽起初深得民心，很大程度上是因为人们同情她早年的不幸遭遇。但1554年，她与后来西班牙的菲利普二世（Philip

II of Spain）结婚，英格兰人对此颇有意见。许多人担忧西班牙会插手宫廷，并且玛丽与菲利普都是狂热的天主教徒，这对于那些受惠于拆毁修道院运动的人而言不啻最大的威胁。她的父亲与兄弟所推行的新教改革，在玛丽的手中近乎被全盘推翻，她还恢复了诸多惩治异端的法律。自1555年起，她进行了所谓的"玛丽迫害"（Marian Persecutions），残暴地屠杀新教领袖，烧死了近300名宗教异议者（包括托马斯·克兰麦），并因此获得了"血腥玛丽"的恶名。1558年，她的丈夫唆使她与法国开战，最终战争告负，英格兰在欧洲大陆上最后一块领土加莱也从此丢失，国内对她的不满由此更为深重。

玛丽曾两次假性怀孕，但直到1558年去世时仍然没有生下子嗣。她也无力阻止自己信奉新教的同父异母姊妹伊丽莎白登上英国王座。

天主教改革
1545—1563 年

宗教改革运动迫使天主教会自身进行改革，以应对新教推行的改革。1545年，教宗保罗三世召开了特伦特会议（位于意大利北部的特兰托）。会议先持续了2年，在此后的18年内又陆续召开，会期共计4年。这一会议意在讨论新教徒所提出的诸多教义与戒律问题，解决某些争议性问题，例如赎罪券的出售、教会中的腐败及其他宗教问题。天主教会的基本结构与教义得到保留，但组织形式与戒律则有了极大的改进，之前过度世俗化的倾向也得到了遏制。

教宗保罗三世还积极支持新的宗教团体，例如乌尔苏拉派（Ursulines）、圣方济会（Capuchins），并且尤为重视耶稣会（Jesuits）。耶稣会是依纳爵·罗耀拉（Ignatius Loyola）所领导的、由受过高等教育的神职人员组成的群体，致力于以布道和教育的方式复兴真正的信仰，并向新近发现的地区（例如远东）传播福音。

所谓的天主教改革的影响主要限于欧洲大陆（以及其殖民地）。到伊丽莎白一世统治的末期，新教已经成了英格兰与苏格兰的主流宗教。

伊丽莎白一世

1533—1603年，加冕于1559年1月15日

"我或许算不上狮子，但也是一头有着狮心的幼狮。"

——伊丽莎白一世

在伊丽莎白一世长达 44 年的统治之初，她需要处理的是宗教冲突一触即发的紧张局面。亨利八世与爱德华六世为英格兰的新教教会打下了基础，但玛丽一世却以暴力手段意图复兴天主教信仰。伊丽莎白拒斥了双方的极端分子，更青睐一个保留部分天主教传统的温和新教教会。她支持国外的新教徒势力，因此激怒了玛丽仍在世的丈夫、西班牙的菲利普二世，并在不久之后彻底击败了后者的无敌舰队。

女王依靠智慧统治国家；她任命才能出众的大臣，小心地维护着自己的公众形象。但她的成功并非全无代价。她曾数次遭遇刺杀，为了维护自己的权力与生命，她布下了一张广大而严密的间谍网络。

伊丽莎白鼓励探索与征服，支持德雷克（Drake）、霍金斯（Hawkins）、罗利（Raleigh）之类的探险家。在她的统治时期还迎来了一波文学复兴，其中就有莎士比亚、斯宾塞（Spenser）和马洛（Marlowe）这些文学巨匠。

出于某些至今不明的原因，伊丽莎白一生未婚，在继承人问题上经受着巨大的压力。然而，她却将自己"童贞女王"的声望转化为外交工具，利用婚约操纵敌人。她声称，自己嫁给了英格兰。

1603 年，伊丽莎白一世去世，她没有子嗣，都铎王朝就此绝嗣。伊丽莎白塑造了英格兰的国家认同，英国将以崛起大国的形象登上世界舞台。

苏格兰女王玛丽
1542—1587 年

玛丽·斯图亚特（Mary Stuart）是伊丽莎白的表侄女。她在出生之后第 6 天就被奉为苏格兰女王，而作为英格兰与苏格兰签订的和约的一部分，她在婴儿时期就被指定与亨利八世的儿子爱德华订婚。她来自法国的母亲对此极力反对，将玛丽藏匿起来，一直到她 9 个月大时才出席加冕典礼。原先的婚约就此落空，亨利八世盛怒之下，策划了所谓"粗暴求婚"（Rough Wooing）的计谋，向苏格兰发起一连串袭击。出于安全考虑，玛丽被送往法国，并于 1558 年嫁给后来的法国国王弗朗索瓦二世。后者死后，玛丽在 1561 年返回苏格兰。

玛丽本人是温和的天主教徒，对越来越多的新教徒 [其中包括她同父异母的兄弟詹姆斯·斯图亚特（James Stewart）] 身居高位并无芥蒂。然而，她违逆詹姆斯与伊丽莎白的意愿，选择与自己的表兄弟、英格兰的天主教徒达恩利勋爵（Lord Darnley）结婚。他们的儿子詹姆斯适时出生，使他们对英格兰王冠的觊觎之心更盛。婚后，达恩利终日酗酒，变得独断专横、控制欲极强，在 1566 年谋杀了玛丽的朋友与私人秘书大卫·里齐奥（David Rizzio）。而达恩利本人则于 1567 年 2 月在一场神秘的爆炸中丧生，而玛丽与她后来的丈夫（第三任）、新教徒博思韦尔伯爵（Earl of Bothwell）对此不无干系。他们在 5 月举行婚礼，苏格兰的贵族却因此反对她，内战继而爆发。玛丽的军队被击败，她被迫让位给自己年岁尚小的儿子。

最后她逃到英格兰，寻求她未曾谋面的表姑伊丽莎白女王的庇护。因为玛丽看上去就像是麻烦人物，伊丽莎白将她囚禁了 19 年，最后因为涉及许多天主教徒的叛乱阴谋而被斩首。

弗朗西斯·德雷克爵士
1540—1596 年

弗朗西斯·德雷克是水手、导航员、海盗，还是伊丽莎白切断西班牙对新大陆的掌控计划中的重要一环。当时的英格兰人将他视作英雄，而西班牙人则视他为嗜血的海盗。

德雷克与他的表弟约翰·霍金斯一起开始了航海生涯。1563 年，他们在西非绑架土著，再将其充作奴隶卖出，由此大发横财。这是英国奴隶贸易的起点，而从现代的眼光来看，这是德雷克名誉上的一大污点。奴隶贸易的大客户是加勒比群岛上的西班牙殖民者，而德雷克与西班牙人因为国际贸易规则起了冲突，于是在女王的默许之下攻击了西班牙的船舰。

1577年，伊丽莎白委任德雷克，攻击美洲西海岸的西班牙殖民地。而等到他抵达西海岸时，他手下的6艘舰船只剩下了1艘——金色雌鹿号（Golden Hind）。他先率领舰队通过了南美洲最南端的麦哲伦海峡（Straits of Magellan），而后转而向北，在南美洲西海岸某处建立了所谓的新阿尔比恩（Nova Albion）。他从西班牙人手中劫掠了价值数百万镑的财富，经由印度尼西亚和非洲，于1580年凯旋，由此成了第一位环游世界的英格兰人。

1585年，英国与西班牙爆发战争。德雷克作为英国舰队的二把手，挫败了西班牙的入侵企图，彻底击败了西班牙无敌舰队。在1596年的一次远征中，德雷克在巴拿马海岸死于痢疾。

西班牙无敌舰队

1588年7月—8月

在不宣而战的英格兰—西班牙战争（1585—1604）中，击败无敌舰队是其中意义最为重大的事件，同时也是英格兰自阿金库尔之后取得的最大胜利。

玛丽一世死后，她同父异母的姊妹伊丽莎白一世登上王位，英格兰重拾新教信仰。因为玛丽信仰天主教，所以她与她的丈夫、表兄弟、西班牙的菲利普二世关系颇好，而后者一直致力于将英格兰纳入自己的统治之下。玛丽死后，英格兰与西班牙的关系在许多年间不断恶化，于是菲利普决定派出强大的无敌舰队（一支由巨型战舰组成的强大舰队），彻底终结伊丽莎白的新教政权。

　　英格兰的军舰相对较小，但却有着更具智慧、更为大胆的舰长。首先是弗朗西斯·德雷克爵士在加的斯（Cadiz）偷袭了西班牙舰队，迫使西班牙将作战计划推迟一年之久。而后在1588年，英格兰人点亮了设在沿海高地上的灯塔，传递出无敌舰队进逼的消息，此时德雷克与埃芬厄姆勋爵霍华德（Lord Howard of Effingham）带领着一支规模稍小但操纵更为灵活的舰队在后追击。在加莱，德雷克依靠更好的火炮又一次突袭了无敌舰队，将其逼入了海况恶劣的北海。西班牙舰队在英格兰东海岸不断遭到袭扰，被迫由苏格兰北端绕行，由爱尔兰岛西侧进入大西洋，在此期间许多军舰都因海难而沉没。此役西班牙损失了逾2万名水手，而英格兰只损失了100名船员，舰船无一沉没。但这场战役实质上冒着极高的风险：英格兰孤注一掷，派出了全部军舰，如果天不遂人愿，那很有可能蒙受巨大损失。

威廉·莎士比亚
1564—1616 年

  威廉·莎士比亚是英国最伟大的剧作家。他站在英国文学的最高峰上，他的名字全世界无人不晓。

  人们对莎士比亚的生平了解不多。他出生于埃文河畔斯特拉福德（Stratford upon Avon）。父亲是手套贩卖商，后来当选为市议员；母亲则是一位富裕的有地农民的女儿。莎士比亚接受过很好的教育，但 14 岁辍学，4 年之后娶了安妮·海瑟薇（Anne Hathaway）。他们育有两女一子，但儿子在 11 岁时（1596 年）夭折（"对我早夭爱子的哀伤充斥在房中……"，《约翰王》第 3 幕第 4 场）。后人认为，莎士比亚那时居住在伦敦，而家人住在斯特拉福德。

  在伦敦，莎士比亚开始了他演员、诗人与剧作家的艺术生涯。到了 1594 年，他已经成了宫务大臣剧团（Chamberlain's Men）的一名成员 [在伊丽莎白去世后改名为国王剧团（the King's Men）]，他一生中所有的剧本都是在此创作完成的。虽然确切时间无法确定，但到 1592 年为止，莎士比亚已经创作了数部剧作——绝大多数是喜剧，以及一些十四行诗——并将其献给了他的赞助人南安普顿伯爵（Earl of Southampton）。

　　随着宫务大臣、国王剧团的成功，莎士比亚的名声也越发响亮。剧团投资兴建了环球剧院，并于1599年开放。在1590到1613年间，莎士比亚创作了许多诗歌（如154首十四行诗）及至少38部剧作，其中包括喜剧、历史剧、悲剧与晚期的悲喜剧。四大悲剧——《哈姆雷特》《李尔王》《奥赛罗》《麦克白》，以及诸如《暴风雨》（*The Tempest*）这样的剧本，语言意味深远，传递出的人文情怀后人难以企及，数百年来，观众一直深为感动。他的朋友本·琼森（Ben Jonson）如此评价："非是一时，而是一世。"

英国东印度公司
建立于 1600 年

　　大航海时代的探索进程孕育了第一批国际贸易商，而其中影响力颇大的英国贸易者则在1600年创立了东印度公司。伊丽莎白一世力求打破荷兰对亚洲贸易的控制，于是授予东印度公司在东印度地区的贸易垄断权。然而，东印度公司取悦了印度莫卧儿帝国的统治者之后，他们在这里才有了长久的影响力，并创造出了数不清的贸易机遇，尤其是在纺织业方面。

英国与印度的贸易往来一直颇为稳定。直到18世纪上半叶，莫卧儿帝国崩溃解体，分裂成众多更小的土邦，而法国也成了英国在印度的贸易对手。印度各土邦开始选边站队，而东印度公司开始扩张自己的军事力量。罗伯特·克莱武（Robert Clive）在七年战争（1756—1763）期间控制了印度南部。他在普拉西战役（Battle of Plassey）中大胜，由此得以征服孟加拉（Bengal）。东印度公司起初奉行自由放任政策，但到了18世纪末期，霸权主义越发明显，并且控制了由阿富汗到缅甸广袤的亚洲领土。直到1858年，印度发生兵变，东印度公司的统治才在英国政府的命令下就此结束。

在此期间，东印度公司在孟加拉种植鸦片，并从1781年起将其走私进中国。19世纪30年代末，中国政府当局意图取缔走私行为，中英两国爆发冲突，直接引起了第一次鸦片战争（First Opium War，1840—1842）。

最后在1874年1月1日，英国东印度公司宣告解散。

斯图亚特王朝

苏格兰詹姆斯六世与英格兰詹姆斯一世

1566—1625 年，于 1603 年 7 月 29 日加冕为英格兰国王

苏格兰的詹姆斯六世是信奉天主教的苏格兰女王玛丽的独子。在他一岁时，他的母亲退位，逃亡英格兰并遭到囚禁，留在斯特灵城堡中的詹姆斯则被扶上了王位。詹姆斯由一位新教徒抚养长大，他的妻子是丹麦的安妮（Anne of Denmark），一位路德宗信徒（Lutheran）。他站在伊丽莎白一世一方，对抗信奉天主教的法国与西班牙，在伊丽莎白处决了他的母亲之后（伊丽莎白将其称作"一件憾事"）也毫无怨言。女王于 1603 年去世之后，詹姆斯众望所归地登上了王位。

他作为苏格兰的詹姆斯六世已经统治了 36 年之久，而现在又成了英格兰的詹姆斯一世，掌管着整个英国教会。他或许没有伊丽莎白那样的智慧与镇定，但他才智出众，坚信国王有着神赐的权利，这弥补了上述的不足。他曾试图推动欧洲的宗教和解，只是未能成功；他试图安抚西班牙，为此以袭击圭亚那的西班牙居民点为由，处决了当时的国民英雄沃尔特·罗利。总的来说，詹姆斯一世对本国人而言是位好国王，尽管他坚持王室的特权，为此与议会意见相左、冲突不断。

詹姆斯一世对巫术有着近乎病态的厌恶（莎士比亚在《麦克白》中描写的巫术可能正是投其所好），并且极为反感烟草。他曾写道，"这种吸食烟叶的肮脏行径……只会损害肺脏"。他这种标志性的、愚钝与睿智杂糅的性情，为他赢得了"基督徒中最聪明的蠢人"的绰号。

火药阴谋

1605 年 11 月 5 日

倘若定于 1605 年 11 月 5 日，也就是英国国会召开之日的火药阴谋按照原计划进行的话，那么英国议院将会在爆炸声中化为一堆瓦砾；威斯特敏斯特修道院可能会被夷平；英王詹姆斯一世和他庞大的新教政府，以及整个英国议会，也会全数灰飞烟灭。

这场阴谋的最终目标是恢复罗马天主教徒的公民权利。阴谋策划者们计划消灭君主与国会的障碍之后，将詹姆斯 9 岁的女儿扶上王位，充当信奉天主教的傀儡君主。

在 11 月 4 日深夜到 5 日凌晨，他们的炸药专家盖伊·福克斯（Guy Fawkes）正在议会大厦的地下室等待着，身边是他们偷运进来的 36 桶火药，时刻准备着点燃引线。但他们提前向一位信奉天主教的议员发出警告,让他不要去参加国会,这引起了当局的怀疑,于是派卫兵去检查地下室。福克斯随即遭到逮捕,在酷刑讯问之下供出了同谋者的姓名,后者随即也被抓捕审判。绝大多数人极力申辩,但徒劳无功。他们被处以绞刑、溺死与分尸的极刑。而福克斯在执行绞刑时从绞刑架上跳了下去,折断了脖子,因此逃过了后续的刑罚。

天主教徒此后毫无疑问地遭受了惨痛的报复,宗教和解一直要到200年后才会到来。而为了庆祝这一天,英王詹姆斯宣布所有臣民要在每年11月5日燃放烟火。

《英王詹姆士圣经》
1611 年

在14世纪之前并没有完整的英译本《圣经》,第一本英译本《圣经》由威克里夫于1382年编纂。到了1525年,威廉·廷代尔开始翻译《圣经》,虽然未能完成,但仍是第一部印刷版的《圣经》。后来在1539年,迈尔斯·科弗代尔(Myles Coverdale)出版了权威版《大圣经》,并在1568年修订为《主教圣经》,这也是建立在廷代尔的成果之上的。在1604年詹姆斯一世即位时,科弗代尔的两版《圣经》都有受众,此外还有许多其他版本的《圣经》，如罗马天主教会的杜埃版（Douai）及加尔文宗的《日内瓦圣经》（*Geneva Bible*）。

在詹姆斯统治期间，一批激进新教徒（即清教徒）的势力开始蓬勃发展，他们崇尚节俭、重视教育、看重个人成就；清教徒意图简化或净化宗教仪式并限制主教权力，但主教是世俗王权的支柱。他们在议会中的势力颇为强大，詹姆斯亟需想出安抚这些人的方法。于是，当清教徒提出对《圣经》现有的诸多译本进行修订时，詹姆斯看到了机会，下令编纂新版《圣经》。

47名被谨慎拣选出的学者投入了工作。1611年，全本的《英王詹姆士圣经》（*King James Bible*）成书，即便对廷代尔的版本不无借鉴。直到今天，《英王詹姆士圣经》仍被视作有史以来最好的《圣经》英译本，因言辞简练优美而备受称赞。

朝圣先辈与五月花号
1620年

朝圣先辈（the Pilgrim Fathers）是指一个约100人的团体。他们为了逃避英国的宗教迫害前往美洲定居，他们的定居点就是今天的新英格兰地区。

1603年詹姆斯一世即位，但人们期待的宗教和解并未来临。分离派清教徒（Separatist Puritans）仍然遭到迫害。1607年，诺丁汉郡（Nottinghamshire）斯库比镇（Scrooby）的30余名分离派清教徒逃亡荷兰，并最终在莱登（Leiden）定居。

然而，他们发现难以保持自己的文化习俗。他们期待着能在美洲过上捕鱼传教的生活，于是从伦敦的弗吉尼亚公司（Virginia Company）处购买了土地许可证，后者在1607年在美洲建立了第一座英国殖民地——詹姆斯顿（Jamestown）。他们在德文郡的普利茅斯（Plymouth）见到了其他的未来殖民者，并在1620年9月16日登上了载重180吨的五月花号。

五月花号过于狭小又太过拥挤，根本不适合远洋航行，许多殖民者都死于疾病。同年11月21日，在风暴中受损偏航的五月花号在科德角（Cape Cod）登陆，这里已经是在弗吉尼亚殖民地的领土之外。12月21日，41名幸存的殖民者共同签订了《五月花号公约》（*Mayflower Compact*），成立殖民地政府，并在今天的马萨诸塞州建立了普利茅斯镇。后世将这一天定为先祖之日（Forefathers' Day）。殖民地的第一个冬天极为严酷，但美国原住民伸出了援手，军官迈尔斯·斯坦迪什（Myles Standish）则提供了安全保障，这批殖民者才得以生存发展。1630年，更多英国清教徒来到美洲，建立了马萨诸塞湾（Massachusetts Bay）殖民地。波士顿成为重要的港口，向新大陆移民的浪潮即将出现。

纽约的建立

1626 年

1524 年，乔瓦尼·达·韦拉扎诺（Giovanni da Verrazzano）是一个为法国效力的意大利人，在美洲东海岸发现了一座海湾，他将其命名为新昂古莱姆（Nouvelle Angoulême）。1609 年，英国探险家亨利·哈德逊（Henry Hudson）在为荷兰东印度公司工作时，发现了这座海湾中最大的河心岛——曼哈顿。此后，他就沿着那条日后会以他的名字命名的河流驾船而上。1625 年，荷兰人在曼哈顿岛南端建立了新阿姆斯特丹（New Amsterdam）殖民地，主营毛皮贸易。次年，荷兰人从当地原住民手中买下了这座岛屿（据说只花了一些价值 24 镑的玻璃珠，这在现在根本无法想象）。

1664 年，英国与荷兰发生贸易摩擦，英国军队在没有遭受抵抗的情况下占领了这一区域，用部队指挥官约克公爵（后来的英王詹姆斯二世）的名字将其命名为新约克（New York）。这些入侵行为挑起了第二次英荷战争，但在战争结束时，英国保住了这座城市。1673 年，在第三次英荷战争期间，荷兰人夺回了城市，一度将其改名为新奥兰治（New

Orange）。次年双方签订和平条约，这座城市被归还给英国，随后开始蓬勃发展。

查理一世

1600—1649 年，加冕于 1626 年 2 月 2 日

查理一世继承了父亲詹姆斯一世"王权神授"的坚定信念，但他不愿听取下属的意见（而且比他父亲要愚蠢得多！）。民众和下属不喜欢他，因为他迎娶了一位法国天主教徒昂利埃塔·玛丽娅（Henrietta Maria），并且支持阿民念派（Arminianism）——一种有着基督教色彩的异教运动。

查理在西班牙的战争需要军费，但议会不满于军事指挥失当，数次拒绝提供军费，以致错失获胜的机会。1629 年，查理解散议会，开启了长达 11 年的个人专制统治，其间他经常违背民众的意愿，征收用途模糊的税款。

在苏格兰，查理的统治也称不上合格。1637 年，他试图在苏格兰长老会（Presbyterian Scots）中强制推行一部阿民念派祈祷书。这引起了一连串暴动，最后引发革命，苏格兰人转而入侵英格兰。1640 年，查理被迫两次召集议会以解决危机，但第一次议会（即短期议会）拒绝拨款，于是在 3 周后被再度解散。

查理转而开始出售荣誉爵位，乃至变卖了王冠上的一些珠宝，最后终于拼凑出一支军队，却在纽本（Newburn）大败而归。

查理用尽了手头所有的资源，只好再次召开议会，但这次议会却带来了更多的分歧。国会议员要求，在征得议员同意之前不得擅自解散议会（这个"长期议会"以某种形式一直持续到 1660 年）。此时爱尔兰又发生叛乱，查理迫切需要更多军队，但议会担忧这支部队会将矛头指向自己，于是拒绝了国王的要求，并要求进一步改革。1642 年，国王决定逮捕部分不安分的国会议员，内战由此拉开序幕，查理也开始一步步走上刑场。

英国内战
1642—1649 年

在 7 年间，斯图亚特王朝统治下的英国被内战撕扯得支离破碎。保皇派（骑士党）与议会派（圆颅党）由于宗教与政治因素爆发了一场权力斗争。

议会对查理一世的不满日益显著，查理企图武力镇压，但却激起了更大的不满。1642 年夏天的英格兰分为两块：北部、西部与威尔士在国王的控制下；东南部（也是重要的财政来源）则被议会掌控。8 月，查理在诺丁汉升起军旗，英国内战爆发。

内战的第一场战役是刀锋山（Edgehill）战役，并没有多大的价值；内战的第二年大多是一些低烈度的遭遇战，王党在北部与西部有所斩获。1643 年，埃塞克斯伯爵在格洛斯特（Gloucester）和纽伯里为议会赢得了第一场决定性胜利。次年，议会在苏格兰人的帮助下，在马斯顿荒原战役（Battle of Marston Moor）中控制了英格兰北部，此役中奥利弗·克伦威尔（Oliver Cromwell）的骑兵战术发挥了巨大作用。

克伦威尔将麾下的部队整编为新模范军（New Model Army），并于 1645 年在内斯比（Naseby）和兰波特（Langport）取得胜利。但趁着议会的注意力转向别处的时机，查理与苏格兰人就教会改革问题达成协议。苏格兰人改换门庭，保皇派发动叛乱，第二次英国内战爆发。议会派最终重新掌控局势，在普雷斯顿（Preston）击败了苏格兰人。

国王被判决犯有叛国罪——这是有史以来第一次在法庭上审判国王——并于 1649 年被斩首。查理直到最后仍抗辩称，他的权力直接来自上帝，法庭无权审判他。

奥利弗·克伦威尔与联邦

1649—1658 年

奥利弗·克伦威尔（1599—1658）是乡村绅士、国会议员、军人与出色的战略家，他在内战期间崭露头角。1649 年到 1660 年间的英国没有国王。1649 年起，议会统治着英格兰自由邦；1653 年起，克伦威尔本人则以护国公（Lord Protector）的名义统治着英国，直到他去世为止。

在克伦威尔在位时，英国的国际贸易发展迅速，但他最具争议的事件发生于英国本土。爱尔兰人至今仍仇恨着克伦威尔（他在 1649 到 1650 年间征服了爱尔兰，并在此期间得了疟疾），因为他在德罗赫达和维克斯福德下令屠杀民众。此后，他又镇压了苏格兰的保皇派叛乱，求得了一时的和平。

然而，这些战事分散了克伦威尔对政务的注意力，残缺议会（Rump Parliament，因为它剔除了保皇派、温和派和相当一部分出身贵族的议员）陷入内讧，随后又未经选举而提名产生了贝尔伯恩议会（Barebone's Parliament），但它与前者一样失败。在克伦威尔统治末期，他采纳了君主制的某些做法。1657 年，有人向他劝进，他犹豫了数周最终选择拒绝；但他身披貂皮长袍，手持权杖与宝剑,自封为护国公——这与加冕为王其实并无二致。

克伦威尔推崇新教派别的清教,但他并不歧视其他宗教信仰,还允许被爱德华一世驱逐出境的犹太人回到英国。

1658年,克伦威尔因疟疾和肾脏感染而去世。他的儿子理查德继承了他的地位,但很快退位。残缺议会卷土重来,查理二世也在1660年宣告复辟。

君主制复辟
1660—1685年

克伦威尔于1658年去世之后,他的儿子理查德继承了他的王位。理查试图调和军队与议会派势力之间的敌意,但未能成功,8个月后就被迫退位。由乔治·蒙克(George Monck)将军领导的一小群国会议员与军官意识到,当前唯一的解决方案就是邀请查理一世之子查理即位。

1660年,流亡欧陆数年之久的英王查理二世,在他30岁生日当天重新坐上了王座。对于那些曾废黜他父亲的议员,他称得上极为宽厚:查理仅仅处死了9位共和派议员,并接受了议会对自己权力的制约。而在议会之内,内战之中的各派别演变成现代政党的雏形:托利党(Tories,由与法院有联系的保皇派和高教会派英格兰人组成）及辉格党（Whigs，议会派地主、低教会派异见者及商人）。

君主制的复辟唤回了伊丽莎白年代的华丽与愉悦风气，例如舞蹈、运动与戏剧，乃至那种伤风败俗的旧式喜剧。然而，奉行享乐主义的查理二世荒于政事，政治决策总是一拖再拖。英国在与荷兰的贸易战争中落败，这与查理的漠不关心不无关系。民众尤其反感他的众多情妇，特别是税款都被这些人用于个人消费。而当时最出色的女演员内尔·格温（Nell Gwynne）的朋友坦诚地评价道，她至少也是"英国的娼妇"。

查理并非全无政治智慧，他对天主教态度颇好（他与天主教法国缔结了针对荷兰的同盟，最终在临死前改信天主教），并且成功地重新赋予了君主制合法性。

大瘟疫与伦敦大火
1665 与 1666 年

17 世纪中叶的伦敦城经历了两场重大自然灾害。炎热的天气、糟糕的卫生条件及贫民窟成了黑死病的温床。自 1665 年来，伦敦城因病而死的居民人数达到了数千人。

与此同时，1666 年夏天酷热并引发了数场火灾。9 月，布丁街（Pudding Lane）的一家面包房爆发火灾并迅速蔓延。当时刮东风，风助火势，难以遏制，伦敦多为木制建筑，更加易燃。伦敦市长未能迅速控制火势，大火一直烧了4天才熄灭。这座古老的城市大半付之一炬。近1.3万幢房屋被毁，10万人无家可归，但死亡人数相对而言则极少。这场大火烧毁了许多卫生条件极为糟糕的贫民窟，消灭了传播瘟疫的老鼠与跳蚤。

民众开始亢奋地寻找火灾的始作俑者，因为此事发生在君主复辟后不久，所以共和党人、天主教徒和外国人都成了怀疑对象。最后，一个法国制表匠罗伯特·胡伯特（Robert Hubert）在"招认"后被绞死，尽管他显然有精神问题。

重建后的伦敦相较此前明显更注重环境卫生，没有采用各种花费极高的重建方案，并允许伦敦居民保留重建前的土地。克里斯多弗·雷恩爵士（Christopher Wren）受雇重建伦敦城的各座教堂（其中包括最著名的圣保罗大教堂）及一座60米高的火灾纪念碑。这座纪念碑上有一块谴责"天主教徒的背叛与恶意"的铭牌，直到1831年才被卸下。1986年，面包师公会正式对这场大火表示歉意。

提图斯·奥茨与教宗阴谋
1678 年

伦敦大火之后，阴谋论甚嚣尘上，整个英国笼罩在反天主教的歇斯底里的氛围之中。提图斯·奥茨（Titus Oates，1649—1705）——一个声名狼藉的浸礼会（Baptist）神职者，据称还是酒鬼和鸡奸者，曾在法国做过一段时间间谍——声称自己发现天主教徒正密谋谋杀查理二世，拥立他信奉天主教的兄弟詹姆斯即位。议会对此信以为真，许多无辜的天主教徒遭到逮捕甚至被害，反天主教的狂热气氛不断加剧。奥茨发出警告，伦敦此后还会有火灾，甚至可能出现第二次火药阴谋。

由于这次密谋，辉格党人意图通过《除外法令》，否认詹姆斯的继承权。因此在 1678 年到 1681 年间出现了旷日持久的继承危机，查理二世政府的权威遭到动摇，而这一法案的支持者内部则因为取代詹姆斯继承权的人选问题出现了分裂。最终，调查者意识到这次密谋纯属子虚乌有。奥茨被逮捕，以煽动叛乱罪获刑，被处以罚金并被投入监狱。1685 年詹姆斯即位后秋后算账，要求重新审判奥茨。奥茨因做伪证而被判有罪，被处以鞭刑、枷号（被民众抛掷各种恶心的东西）及终身监禁。

1688年光荣革命爆发后,他被释放出狱,但从未获得宽恕。

詹姆斯二世,末代天主教国王
1633—1701年,加冕于1685年,1688年被废黜

查理二世情妇众多,私生子也不少,但却没有合法的继承人。因此,继承王位的是他的兄弟詹姆斯,一位虔诚的天主教徒。詹姆斯像他的父亲,但不像祖父,他坚定地相信"君权神授",因此不愿同议会协商。

詹姆斯二世给了天主教徒更大的自由,但他却少了查理二世那样灵活的手腕。他强力粗暴地否决议会的异议,由此将许多支持者逼到了对手一方。当时许多人对"教宗"仍然心存戒惧,特别是听到法国人迫害胡格诺派新教徒(Protestant Huguenots)之后,新教徒叛乱此起彼伏,其中有代表性的就是被詹姆斯二世暴力镇压的蒙茅斯郡叛乱(Monmouth Rebellion)。

1688年,詹姆斯的天主教继室,蒙德纳的玛丽(Mary of Modena)为他生下了一位健康的男性继承人——詹姆斯。(詹姆斯二世还有两个信奉新教的女儿,分别是玛丽和安妮。这两人后来都坐上了王座。)他的诞生决定了詹姆斯的命运。预见到下一任君主仍会是天主教徒,一群杰出的新教徒即"不朽的

七人"(Immortal Seven)决定采取行动。他们邀请詹姆斯二世的女儿玛丽及其丈夫奥兰治的威廉(William of Orange)离开荷兰并推翻英王。当威廉在托贝(Torbay)登陆时,詹姆斯在恐慌之中逃亡法国。他的儿子"老僭王"(Old Pretender)此后不久自封为流亡君主。此时议会宣称詹姆斯实质上已经退位,威廉三世与玛丽二世在1689年宣布,自己是英格兰及苏格兰的联合统治者。

蒙茅斯或干草叉叛乱
1685 年

蒙茅斯公爵(Duke of Monmouth)詹姆斯·斯科特(James Scott)是查理二世众多私生子中的长子,也是最具个人魅力的儿子。他声称国王与自己的母亲早已秘密结婚(但未能给出证据),认为自己是王位的合法继承人。在查理二世去世之前,他与国王的兄弟詹姆斯就关于继承问题争论不休。"黑麦屋阴谋"(Rye House Plot,一场计划杀死查理二世与詹姆斯的密谋)失败之后,蒙茅斯被发现与此事有所牵扯,于是带着信奉新教的随从逃亡荷兰。

在詹姆斯二世加冕之后,蒙茅斯与他的盟友认识到,只有依靠武力推翻国王,才能避免英国落入天主教徒的掌控之中。于是他带着一支只有三艘舰船的舰队,计划返回新教势力强盛的英格兰西南部。詹姆斯则只派出了一支由马尔博罗(Marlborough)公爵带领的小型部队。

蒙茅斯登岸之后,由于支持者人数有限,无法直接攻往伦敦,于是他转而前往萨默塞特(Somerset),召集了一支由6000名拿着干草叉的劳工组成的叛军。他在陶顿(Taunton)自封为王,但他的舰队却在数场低烈度冲突之后被英国海军俘虏。

叛军本指望苏格兰能掀起叛乱相互策应,但他们的算盘落了空,马尔堡公爵将他们赶回了塞奇莫尔(Sedgemoor)。蒙茅斯本打算发动奇袭,但有人过早地开枪,打乱了计划。全无作战经验的叛军很快就作鸟兽散,蒙茅斯意图逃跑,但很快又被抓住,被送进伦敦塔并被斩首。对叛军支持者的审判史称"血腥法庭"(Bloody Assizes),320人被处以绞刑,800人被流放到西印度群岛。

光荣革命
1688 年

应"不朽的七人"的恳求,奥兰治的威廉(1650—1702)带着庞大的荷兰舰队进驻了英格兰。在德文郡,人们打出了横幅标语,庆祝"英格兰的自由与新教"。

虽然光荣革命在英格兰的确称得上"不流血的革命",但在苏格兰和爱尔兰因此爆发了激烈冲突。被废黜的英王詹姆斯二世意图利用当地的支持者,从他的女儿和女婿手中夺回王位。苏格兰和英格兰的詹姆斯党叛乱时有爆发,数十年后才慢慢停止。

威廉三世说服议会,允许自己与妻子玛丽二世联合执政。1689 年 2 月,这对夫妻加冕为王。议会通过《权利法案》(*Bill of Rights*)确立了自身的权威,而此后世界各国的宪法性法律都深受这部法案影响。它禁止"残酷与非同寻常的惩罚",并且与 1694 年通过的《三年法案》共同构成了常设议会的基石。《王位继承法》剥夺了天主教徒的王位继承权,王权的继承由此受到国家意志的约束。威廉意图实现与天主教徒的宗教和解(也是向欧陆的天主教盟友表态),却在议会那里碰了软钉子;

但 1689 年的《容忍法案》给予不信奉英国国教的新教徒更大的自由。

1702 年，威廉三世在骑马时，因坐骑踩进鼹鼠洞而受伤身亡。詹姆斯党则在暗地里奚落，那些"穿着黑色天鹅绒的小绅士"终于带走了他们的仇敌。威廉与玛丽（已于 1694 年去世）夫妇没有后代，王冠传到了玛丽的姊妹安妮（1665—1714）手中。安妮作为新教徒，此前就背弃了她的父亲詹姆斯二世。

英格兰与苏格兰的联合
《联合法案》，1707 年 5 月 1 日

英格兰与苏格兰的政治联合可以追溯到詹姆斯六世／一世时期，后者以个人名义统治着这两个国家。在英国内战期间，英格兰与苏格兰之间的关系开始恶化；1690 年前后，光荣革命在苏格兰引发骚动，其顶点则是格伦科大屠杀（Massacre of Glencoe）。

苏格兰的经济因为与英格兰的贸易冲突和连年歉收而衰败。1698 年，苏格兰为了挽救颓败的经济，计划在巴拿马的达连湾（Darien）建立殖民地。但绝大多数殖民者都没能活下来，而在英格兰撤回支持后，苏格兰蒙受了巨额的经济损失。如此的

背叛引发了全苏格兰人的狂怒，但现在与英格兰联合似乎成了挽救经济的唯一方法。此外，这也能巩固威廉三世在苏格兰的地位。

1701年，议会未曾征询苏格兰人的意见，就擅自通过了事关两国王位继承问题的《王位继承法》。苏格兰人于是威胁，要站在法国与詹姆斯党一方，对抗英格兰当局。伦敦方面则给出了最后通牒，即《1705年外国人法令》。如果苏格兰在圣诞日前不愿讨论联合问题，那就要面临严苛的贸易与财产限制。

一而再，再而三协商之后，苏格兰同意与英格兰和威尔士联合组成大不列颠。苏格兰可以保留独立的法律与政府制度（并因殖民达连湾的灾难性失败获得补偿），但要放弃政治与经济的独立地位。在苏格兰，这次联合直到今天仍有颇多争议，许多苏格兰人支持废除这一法案。

马尔博罗公爵的诸多胜利

约翰·丘吉尔，第一代马尔堡公爵，1650—1722年

马尔博罗公爵曾在5位国王手下效力。作为约克公爵詹姆斯（即后来的英王詹姆斯二世）的侍从骑士，他激起了主上对战争的热情。他在军队和外交界的地位日益显赫，在挫败蒙茅

斯叛乱一事上起到了关键作用。

与国王的许多支持者一样,他对詹姆斯的宗教政策无法苟同,于是转投威廉一方。他与威廉和玛丽夫妇的关系并不融洽——他失去了国王的宠信,一度身陷囹圄。然而,他的妻子萨拉是安妮女王的闺中密友。在安妮即位之后,他又有了完成事业的动力。

1701年,路易十四企图强行夺取西班牙王位,由此引发西班牙王位继承战争(War of Spanish Succession)。数国结成同盟对抗法国霸权。1704年,马尔博罗在布伦海姆(Blenheim)战役中大胜法军,保卫了维也纳,法国40年来首次遭遇惨败。此后他又在拉米伊(Ramillies)、欧登纳尔德(Oudenarde)和马尔普拉凯(Malplaquet)连连取胜,将法国人赶出了尼德兰。1713年,《乌特勒支和约》(*Treaty of Utrecht*)的签订标志着战争结束,英国由此获得了法国在今加拿大地区的大片领地,并从西班牙手中获得了直布罗陀(Gibraltar)与米诺卡岛(Minorca)。法国的霸权走上了下坡路,大英帝国即将走上历史舞台。

为了纪念伟大的胜利,安妮将牛津郡(Oxfordshire)伍德斯托克(Woodstock)的一座原属于王室的狩猎场赐予马尔德罗,并雇用建筑师范布勒(Vanbrugh)为他设计建造了布伦海姆宫。在战后,马尔德罗投身政治,有功有过,最后在1722年离世。

乔治时代

乔治一世

1660—1727 年，加冕于 1714 年 10 月 20 日

安妮女王一生共生养了 19 个子女，但其中无人幸存。因此在她死后，汉诺威选帝侯（Elector of Hanover）乔治·路易（George Louis）成了英国国王。1701 年的《王位继承法》将天主教徒排除出王室的继承序列，乔治正是受惠于此，才从 57 位继承顺位更高的亲戚中脱颖而出。他算不上是一位多受民众支持的国王，他不会讲英语，更喜欢待在汉诺威，把国内政务全数委托给大臣。与安妮不同，乔治更支持辉格党，甚至将全部重要职位都交给辉格党人。他对国内事务兴趣缺乏，将维持政府运转的重担留给内阁，于是内阁的权力变得越来越大。

然而，他对国外事务颇感兴趣。1717 年，他与法国和尼德兰缔结了对抗西班牙的同盟。但西班牙王位继承战争给不列颠留下了多达 5200 万英镑的财政赤字，政府为了清偿债务而出售南海公司（South Sea Company）的股票——南海公司是一家经营南美洲贸易的垄断公司。起初由于投机，南海公司的股价飞速上涨，但此后公司的许多董事抛售了股票。公司股价在 1720 年彻底崩盘，数千名个人投资者因此破产。所有人都在指责政

府腐败，公众的愤怒引起了一场未遂的詹姆斯党政变阴谋，一些托利党议员也牵涉其中。

"南海泡沫"（South Sea Bubble）的破裂推动了控制国民经济的英格兰银行的诞生。罗伯特·瓦尔波勒（Robert Walpole）成功解决了这场危机，因此被任命为第一财政大臣（First Lord of the Treasury），亦被视为内阁当之无愧的领袖，即首任"首相"（Prime Minister，但在当时这个说法并没有实际意义）。

美洲与澳大利亚的流放地
约 1718—1868 年

18世纪早期，公众愈发厌恶公开处刑，又对公共安全愈发忧虑。于是在1718年通过了《运输法案》，允许法庭将已决囚犯流放到美洲7年，其间必须修筑道路、建造建筑、下矿井劳动或充作契约奴隶。5万名英国流放犯被遣送到美洲，其中还包括出身苏格兰与爱尔兰的战俘。这些人的生活条件极为恶劣，许多人因饥饿、疾病或逃跑失败而死。

美国独立后流放计划被迫停止。而随着工业化的进程，英国本土犯罪率飙升，监狱过度拥挤，于是英国政府将目光投向了澳大利亚。

1788年,澳大利亚最大的流放地新南威尔士(New South Wales)建立,此后又出现了更多的流放地;在此后的80年里,共有15万人被流放到澳大利亚,其中绝大多数是非暴力犯罪的轻刑犯、工团主义者,以及爱尔兰独立运动的支持者。他们被迫在食物短缺的条件下长时间工作,还要忍受严酷的体罚。尽管如此,某些在英国本土蓄意犯罪的人还是希望能在澳大利亚开始新的生活。

在19世纪上半叶,殖民地的民意开始转向反对继续接收流放的囚犯,因为流放犯人的劳动是无偿的,会夺走需要报酬的劳工的工作,并且提高本地的犯罪率。1851年,人们在澳大利亚发现了黄金,由此引发了一波自由移民澳大利亚的浪潮,而这些移民也赞同先前的观点。于是接收流放囚犯的人数逐渐下降,并在1868年彻底宣告禁止接收流放犯人。

英俊王子查理
查理·爱德华·斯图亚特王子,1720—1788年

詹姆斯二世于1688年被迫退位之后,斯图亚特家族数年来一直徒劳地声索着王位。1744年,詹姆斯二世之子、"老僭王"詹姆斯获得法国支持,预备入侵英国,却因为天气不佳及英军

的防御未能成功。但在1745年7月，詹姆斯二世的孙子、"小僭王"（The Young Pretender）查理·爱德华·斯图亚特（Charles Edward Stuart）在苏格兰成功登陆，并召集起一支主要由苏格兰高地部落组成的军队。

当时的英国军队忙于法国的战事，无力防守苏格兰，詹姆斯党人因而轻而易举地完成了入侵。这支军队最远曾到达德尔比（Derby），距伦敦城只有127英里（此时乔治二世已经收拾好了行囊准备逃亡），但他们很快就发现自己的战线过长，被迫向北回撤。坎伯兰公爵（Duke of Cumberland）带领着一支汉诺威部队在后追击，却在福尔柯克（Falkirk）惨败。查理王子在卡洛登沼泽（Culloden Moor）犯下了致命的指挥失误，将部队部署在开阔的平原上。部队还没能冲入坎伯兰部队的火枪阵列之中，就在火炮的袭击下损失惨重。这是在英国本土发生的最后一场大规模战争。坎伯兰残酷地镇压了残存的所有詹姆斯党人，在得到"屠夫"的恶名之余，也掐灭了他们复辟的全部希望。

查理被迫逃往斯凯岛（Isle of Skye），随后又扮成女仆逃亡法国。1750年，他曾秘密前往伦敦，意图为下一场叛乱寻求支持，但无果而还。1788年，他在罗马孤单一人醉醺醺地死去。

辉煌之年，胜利之年
1759 年

七年战争（1756—1763）是一场在当时的列强之间爆发并波及欧、亚、美三大洲，囊括海战与陆战的世界性战争。英国与法国依靠战争争夺殖民地霸权，分别与旧日的敌人普鲁士与奥地利结盟。虽然战争早期的局势对英国不利（除了印度战场），但在 1759 年，随着英国方面的数场大胜，英法之间的战局态势迎来了转折点。

时任国务秘书（Secretary of State）的老威廉·皮特（William Pitt）指挥战事已有两年。他将更多的部队投入战场，任用雄心勃勃的年轻指挥官，这种策略使得英军于 8 月在德国取得了明登战役（Battle of Minden）的胜利。皮特还为普鲁士提供经济支持，协助其抵御四周不怀好意的邻居。扩军之后的英国舰队保卫了西非和西印度群岛的胜利果实，并且遏制了法军增兵美洲的企图。沃尔夫将军（General Wolfe）在 9 月征服了整个魁北克（Quebec），而海军在布列塔尼半岛（Brittany）外的基伯龙湾（Quiberon Bay）的胜利则同样重要。此役重创了法军舰队，为辉煌之年画上了圆满的句号。

人们常常相信,皮特以卓越的领导才能打开了大英帝国时代的大门。在詹姆斯党覆灭之后,步入前线的苏格兰步兵团强化了国家的凝聚力。1763年签订的《巴黎条约》结束了这场战争,大英帝国的疆域进一步拓展,由加拿大直抵东印度。

"爱国者"乔治三世

1738—1820年,加冕于1761年9月22日

乔治三世其实是乔治二世的孙子,他的父亲在1751年就去世了。他是汉诺威王朝中第一位在英国出生长大的君主,他能即位很大程度上也仰赖于此。他在位期间从未去过汉诺威,甚至从未离开过英国。

在乔治三世漫长的统治之初,政局一度相当不稳,财政问题和无能的顾问深深困扰着他。他对政府有着极大的影响力,这却招来了辉格党人的不满。他们指责乔治三世有恢复专制统治的野心,而两位能力出众的大臣挽救了乔治的名誉。诺斯勋爵(Lord North)在1770—1782年间担任首相,乔治的诸多政策在他手中得以推行,但在美国独立之后他被迫引咎辞职。尽管遭此挫败,在乔治统治的时期,英国向着世界帝国的目标又迈出了一大步。

1783年，乔治三世做出了一项争议颇多的决定：将年仅24岁的小威廉·皮特任命为首相。事实证明，这项决定使他受益颇多，他由此重新稳定了国家，并赢得了对抗法国的战争。然而，在皮特意图推动宗教和解时，他与国王发生纠纷，因而被迫辞职。

乔治是第一位研究科学的国王，他对农业颇感兴趣，并推动了启蒙运动思潮在英国的传播。他建造了一座藏有6.5万部书籍的皇家图书馆，并创立了皇家艺术学会。

他与夏洛特（Charlotte）的婚姻颇为幸福，两人育有15位子女。1761年，他买下了白金汉宫，作为王室的官邸。但他患有会反复发作的精神疾病（现在人们认为他得的是卟啉症），最终导致在他去世前的10年里，他的儿子必须以摄政王子（Prince Regent）的名义代替他统治国家。

启蒙运动
18世纪中叶—19世纪中叶

"迷信使世界陷入火海，熄灭大火的则是哲学。"（伏尔泰，《哲学辞典》，1764年）

启蒙运动是一场对西方思想界影响极深的革命性思潮，构成其基础的是对理性力量的信念。近两个世纪以来的诸多地理发现、工业革命、商人阶级的发展,以及诸多科学进步(特别是牛顿的科学成就),共同影响着欧洲与美洲的社会。

例如卢梭(Rousseau)、休谟(Hume)与伏尔泰(Voltaire)这样的作家,以文章或讽刺文学为载体,传播启蒙运动的思想。而伏尔泰的思想尤其为许多欧洲君主所青睐。这段时期也见证着现代社会与政治思想的起源,贝卡里亚(Beccaria)与边沁(Bentham)支持激进改革,例如改革监狱系统或废除奴隶制。亚当·斯密(Adam Smith)的学说奠定了自由市场的基础,经济学由此成为一门科学,现代政治也深受其影响。各种理论和实践,尤其是有关权力与社会秩序的那些都受到质疑——旧有的传统再不能使人们止步不前。

鉴于教会过去对挑战其权威的科学家的无情对待,它毫无疑问地被视作理性之敌。启蒙运动的思想家支持世俗化,尤其赞同政教分离的举措。

启蒙运动是西方思想史上最重要的事件之一。它为现代社会的民主制度、世俗化与自由资本主义铺平了道路,它的诸多学说引发了18世纪两起关键性事件——法国大革命与美国独立。

工业革命（第一部分：从乡村到城市）

约 1750—约 1830 年

工业革命标志着英国的经济与社会迎来了重大变革。在 80 年间，英国由一个主要由农村构成的国家成长为现代化的工业强国。

工业革命始于农业的变革，后者则在乔治三世在位时达到顶峰。新的农业技术及对植物所需养分的进一步了解提升了农作物的产量，人口也相应地迎来增长。农村地区失业率上升，更依赖小规模的家庭作坊生产消费品，这为更大规模的工业铺平了道路。

1769 年，蒸汽机的发明为农业与交通运输带来了变革。在 19 世纪上中叶，英国铺设了共计数千英里的铁路，可以快速而方便地运送人员与货物。电报的发明更大大提高了讯息传输的速度。新的技术（例如动力织布机）为工业带来了变革。此后，土木工程技术在伊桑巴德·金德姆·布鲁内尔（Isambard Kingdom Brunel）的支持下蓬勃发展，人们得以建造更高的桥梁、更长的隧道和更大的船舶。

虽然工业化的浪潮很快就传播到了欧洲与美洲，但引领时代的则一直是英国。英国的政府相对稳定（在"漫长的19世纪"里，几乎所有其他的欧洲国家都爆发过某种形式的暴力革命），其经济政策受到苏格兰经济学家亚当·斯密的自由市场思想影响，为国民经济的茁壮成长创造了诸多理想条件。结果就是英国向着现代资本主义的方向迈出了一大步。现在，英国可以消费国内生产的诸多商品，国际贸易更为兴旺发达。

波士顿茶党

1773年12月16日

北美洲的英国殖民者在威斯特敏斯特议会（Westminster Parliament）并没有代表，但却要向其缴纳税款；到了18世纪60年代，他们对这种现状已经极为失望，于是喊出了"无代表不缴税"的口号。他们抵制被课以重税的进口茶叶，由此引发了英国东印度公司的财政危机。为了拯救公司，英国政府通过了《茶税法案》（Tea Act），允许东印度公司与殖民地商人和走私者进行低价竞争。这种处理方式带有明显的倾向性，纽约与费城（Philadelphia）的民众进行了大规模抗议，而波士顿民众则直接采取了行动。

1773年末，愤怒的殖民地居民在波士顿港阻拦东印度公司的商人从船上卸货，亲英派的总督极力阻止也未见成效，双方陷入了僵局。而在12月16日，一个秘密的美国爱国者组织"自由之子"（Son of Liberty）装扮成美国原住民，登上3艘载有茶叶的船只，并且像军事行动般果敢地将船上的货物尽数倒入港口，共计有约46吨茶叶（价值1万镑，在今天价值逾100万美元）被倒入大海。

两年之后，英国政府免除了某些殖民地的税赋，其中就包括北美洲的13座殖民地，但双方之间的隔阂业已形成。此后，波士顿茶党掀起了多场叛乱，最终成了美国革命的一大催化剂，美利坚合众国也由此应运而生。

美国独立战争

1775—1783年

英国与其北美殖民地之间的关系，因为税收问题引发的冲突而不断恶化，最终在波士顿倾茶事件中彻底撕破脸皮。美国社会的一些重大变化则是双方关系疏离背后更深层的原因。英国一开始拒绝在税赋问题上妥协，反而向殖民地增兵。

1775年，双方爆发了武装冲突。英国部队意图镇压马萨诸塞（Massachusetts）的抵抗力量，却在康科德（Concord）

和列克星敦（Lexington）遭到袭击。大陆会议（Continental Congress，由英国在北美的13座殖民地的代表组成的会议）认识到和平解决已经无望，于是在1776年7月4日向英国宣战。

反抗军的兵力与装备均劣于英军和反对独立者（Loyalist），但他们作战经验丰富、熟悉当地地形，并且还有来自法国的秘密援助。1777年7月，英军进攻纽约，却在萨拉托加（Saratoga）遭受重创。在南方，游击战术动摇了英国的统治基础；而大陆会议于1778年8月公开与法国结盟之后，反抗军才真正夺取了胜利的果实。此后西班牙仿效法国与反抗军结盟；1781年，法美联军在弗吉尼亚（Virginia）的约克镇（Yorktown）赢了至关重要的最后一战。

英国现在陷入了多国间冲突的泥潭，在美洲的战争本身也并无广泛的民意支持，于是被迫撤军。在两年的谈判之后，双方在1783年签订《巴黎条约》，英国承认美利坚合众国独立，并与法国和西班牙停战。

法国大革命战争

1792—1802 年

在法国,启蒙运动倡导的"自由、平等"的原则,与路易十六的专制统治形成了鲜明的对比。1789 年,市民们拿起武器涌入巴士底(Bastille)狱,法国大革命爆发了。

英国人对法国大革命的观感颇为复杂。它的宗旨在议会的改革派议员之间引发了共鸣,辉格党内许多人都支持这场革命,但它的手段则引人非议。以辉格党人埃德蒙·伯克(Edmund Burke)为首的一派则持批判态度,认为革命最终只会带来灾难。伯克受到许多自由派的攻击,托马斯·佩恩(Thomas Paine)作为其中的代表还撰写了《人权宣言》(*Rights of Human*)以作回击。随着公众支持改革的呼声越发响亮,英国政府畏惧本国会发生类似的革命,于是开始了镇压。佩恩被迫流亡,改革派则遭到严惩。

1793 年,路易十六被处死。次年,恐怖统治(Reign of Terror)降临,1.7 万名法国人被处决,另有约 2.5 万人身死,这严重损害了大革命在主流改革派心中的形象。包括英国在内的欧洲各国数次缔结对抗法国的同盟,但始终未能阻挡法国扩张的脚步;

1797年，奥地利向法国杰出的年轻将领拿破仑·波拿巴（Napoleon Bonaparte）屈膝投降。英国没有退出战争，在埃及击退了拿破仑扩张的企图，但他重整部队，又数次击败奥地利军。1802年，英国一度与法国停战，但和平仅维持了极短暂的时间，就又被拿破仑战争（Napoleonic Wars）所打破。

《联合法案》

1800年7月2日，自1801年1月1日起生效

自1653年起，爱尔兰就为英格兰所统治，而英格兰人征服爱尔兰的历史则要追溯到1169年。但是双方始终未能达成正式联合，这最终也带来了诸多问题。

18世纪，《苏格兰联合法案》（*Act of Union with Scotland*, 1707）获得通过，爱尔兰的宗教冲突由此加剧。在光荣革命之后，爱尔兰的新教徒畏惧天主教徒发动叛乱，就通过了镇压性质的《惩罚法案》（*Penal Laws*），规定天主教徒无法享受完整的教育与财产权利。新教徒控制了都柏林（Dublin）议会，但他们对现状也有不满——都柏林越发受到伦敦的操纵，后者则对爱尔兰的贸易施加着严苛的限制。

虽然新教徒与天主教徒之间冲突不断，但在法国与美国革

命的鼓舞下，双方支持独立自主的热情高涨，《惩罚法案》中的许多条款都有所放松。爱尔兰的新教徒和天主教徒团结一心，共同为争取独立、实现宗教和解而奋斗。1798年，他们在与法国作战的中途宣布反叛英国，虽然后来获得了法国方面的援助，但叛乱还是遭到镇压。

首相皮特意识到，与爱尔兰联合是解决当前乱局的唯一方法，他承诺废除《惩罚法案》，由此获得了爱尔兰天主教徒的支持。然而，乔治三世囿于加冕时的誓言，必须维护《惩罚法案》不受更改，于是皮特被迫卸任。1801年，两国的议会实现联合——议会贿赂了许多爱尔兰国会议员，强行通过了《联合法案》，这些受贿的议员后来成了"联合者"（Union Peers）——但《惩罚法案》直到1829年才被废除。而爱尔兰实现地方自治则要等到100年之后。

拿破仑战争

1803—1815年

"我见到了王冠，就渴望戴上它。"（拿破仑·波拿巴，1769—1821年）

1802年的和约所维系的和平并未持续多久，英法两国就马耳他岛的控制权起了争端，于是战端再现。这场战争原先是一场反革命性质的战争，但随后就演变为帝国主义之间的霸权战争。拿破仑当时已经控制了大半个欧陆，1804年他自行加冕为皇帝。

1805年，英国加入了奥地利、俄罗斯与瑞典对抗法国的同盟。拿破仑于是暂停了入侵英国的准备工作，转而攻击奥地利与俄罗斯，并在奥斯特里茨（Austerlitz）将其击败。英国取得了特拉法尔加之战的胜利，在孤立无援的情境下继续战斗，并且牢牢掌控着欧洲的国际贸易。

1808年，拿破仑意图染指西班牙王位，半岛战争（Peninsular War）由此爆发。西班牙反抗军以及英国和葡萄牙军队共同抵抗法军，最终在1814年将其尽数驱逐。在整场战争中，法国相当一部分的力量被"西班牙泥潭"所牵制，不能投入欧洲北部的战场。1812年，拿破仑入侵俄罗斯，冬季的严寒使他的军队损失惨重。征俄失利使拿破仑最终落败，于1814年被迫流亡。

1815年，拿破仑回到了法国，并召集起一支军队。这是拿破仑战争的最后一幕，即百日王朝（the Hundred Days）。拿破仑于滑铁卢（Waterloo）战败之后，这场战争才彻底结束。

纳尔逊与特拉法尔加之战

1805 年 10 月 21 日

在拿破仑战争之初,霍雷肖·纳尔逊(Horatio Nelson, 1758—1805)就已经是国家英雄及出色的舰队指挥官。他 12 岁参军,在圣文森特角战役(Cape St Vincent)、尼罗河战役(the Battle of the Nile)及哥本哈根战役(the Battle of Copenhagen)接连取胜、屡获升迁。在 1803 年战争爆发、拿破仑入侵的威胁迫在眉睫时,纳尔逊作为地中海舰队的指挥官,担负着守卫英国最后防线的重任。

按照计划,入侵舰队将由维尔纳夫中将(Vice-Admiral Villeneuve)指挥,但他却在土伦(Toulon)被纳尔逊围堵了整整两年之久。维尔纳夫逃脱之后,纳尔逊则在其后追击;在加的斯(Cadiz),维尔纳夫与西班牙舰队会合,但又一次被英国舰队围堵。10 月 19 日,维尔纳夫企图逃出包围圈,将部队运往意大利。但在两天之后,他由 33 艘舰船组成的舰队在特拉法尔加角(Cape of Trafalgar)附近遭到拦截。

纳尔逊采用了极为大胆的战术,以求迅速接敌。他将己方的 27 艘战舰分为两组,从右方逼近敌舰队;己方毫不设防的侧翼袒露在敌军面前，但他摧毁了法军的旗舰，使其陷入一片混乱。

此后不久，纳尔逊就被敌军狙击手打伤（最终不治身亡），但他的计划取得了完美的成功。法国－西班牙联合舰队逃回了加的斯，但英军在后紧追不舍。此役敌军损失了22艘战舰，英军舰队则无一沉没；敌军共计伤亡6000人，另有约2万人被俘。

特拉法尔加之战标志着拿破仑彻底输掉了海战，同时确立了英国在接下来一个世纪的海上霸权。

废除奴隶贸易
1807年3月25日

在16—19世纪，至少有1000万名非洲黑人被卖到新大陆充作奴隶。英国的奴隶贸易发源自德雷克与霍金斯，此时已经形成了三角体系：非洲的黑奴在美洲和加勒比地区被换成谷物，谷物在英国换成各种货物，这些货物则被运往非洲交换黑奴。英国的经济依靠贩奴获取的利润飞速发展，在布里斯托、利物浦和伦敦这样的城市，一座座港口、工厂和银行拔地而起。奴隶主赚得盆满钵满，建起了市政厅和豪华宅邸。

但随着启蒙运动思潮的传播，废除奴隶制的呼声越发响亮。工业化使得奴隶劳动的经济效益开始下降，并且越来越多的人认为奴隶制并不人道。此外，那些被释放的奴隶也开始有了较高的社会地位，其中尤其有影响力的是来自尼日利亚的奴隶奥拉达·艾奎亚诺（Olaudah Equiano），他成了一位颇受欢迎的演说家，并写下了自己的切身经历。

1805 年，在威廉·魏尔贝佛斯（William Wilberforce）首相 20 年的努力之下，终于有了一部要求停止奴隶贸易的法案，但却被上议院驳回。1806 年，新任辉格党政府上台，决定继续推行法案；次年，众议院投票通过了废除奴隶制的法案，其中只有 16 名国会议员投了反对票。

但直到 30 年后，奴隶贸易才彻底停止。大英帝国全境废除奴隶制则要等到 1838 年；而在美国，则是 1862 年。

勒德分子
1811—1812 年

拿破仑战争的经济压力影响到了社会的各个阶层，工人阶级首当其冲。粮食数次歉收，小麦价格飙升，工资低下，这些影响了社会的稳定，粮食短缺更使得暴乱频仍。此外，工业革命带来的产业机械化使失业率激增，其中纺织业尤为严重。新式的宽幅织机不再需要技术熟练但薪酬更高的工人来操作。

1811 年，一群被称作勒德分子（Luddite）的工人闯进约克郡的各座纺织厂，砸毁新式宽幅织机，以免自己失去工作。勒德派的名字来自一位神秘人物——内德·勒德（Ned Ludd），他在 1779 年砸毁了莱斯特郡（Leicestershire）的两座制袜工厂，被那些无处可归的工人奉为传奇英雄。

1812 年，勒德分子暴乱的浪潮波及北部与中部地区。政府做出回应，在《1812 年砸毁织机法案》（*1812 Frame Breaking Act*）中将勒德分子暴乱定为重罪。军队出动镇压暴乱，在约克举行的大审判中，许多暴乱分子被处决或流放。虽然暴乱一时仍未平息，但在 5 年内逐渐销声匿迹。

起初的勒德分子由叛乱的工人组成，意在反抗无视工人阶级诉求的经济体制。然而，在今天，勒德分子则成了无知的技术恐惧者的同义词。

摄政时期
1811 年 1 月 5 日—1820 年 1 月 29 日

英王乔治三世患有会频繁发作的精神疾病（可能与卟啉症有关），为此，议会在统治国家的人选上出现了分歧——一派支持由议会指定摄政者，一派则支持性格古怪的威尔士王子

（Prince of Wales）乔治。

乔治王子情妇众多，并且在1785年与一位信奉天主教的孀妇玛丽亚·菲茨赫伯特（Maria Fitzherbert）秘密结婚。受《王位继承法》限制，他可能会因此失去王位的合法继承权。但这段婚姻因为缺少其父亲的同意而被宣告无效，很快就被废除。1795年，乔治与他的表亲即不伦瑞克的卡洛琳（Caroline of Brunswick）结婚。作为回报，王子欠下的巨额债务被一笔勾销。这对怨偶相看两相厌，在两人的女儿夏洛特公主（Princess Charlotte）出生后即告分居。他们从未离婚，但乔治绝大部分时间都在众多情妇及玛丽亚·菲茨赫伯特之间厮混。

1811年，乔治三世的女儿离世，受此影响，他的精神严重失常，并且终生未能恢复神智。议会通过了《摄政法案》（*Regency Bill*），任命其子乔治为"摄政王子"。

在9年的摄政时期中，战争、失业和民众骚乱的阴霾从未散去（其中还包括斯宾塞·珀西瓦尔（Spencer Perceval）遇刺一事，他也是唯一一任死于刺杀的英国首相），但在乔治的赞助之下，英国的艺术有了长足的发展。乔治的朋友博·布吕梅尔（Beau Brummell）带来了花花公子式的男式服装潮流；约翰·纳什（John Nash）设计修建了特拉法尔加广场、摄政公园（*Regent's Park*）与摄政大街（Regent Street），此外在布莱顿（Brighton）修建了满是异国风情的王室行宫（Royal Pavilion）。

威灵顿与滑铁卢战役

1815 年 6 月 18 日

第一代威灵顿公爵（Duke of Wellington）阿瑟·韦尔斯利（Arthur Wellesley）是杰出的军事指挥官与政治家，此前在印度和半岛战争中赢得了数场胜利。

拿破仑运气不佳，1812 年征俄大败而还，在欧洲败绩不断，并且输掉了半岛战争。1814 年，他被迫退位并被流放到厄尔巴岛。韦尔斯利在英国国内获得了英雄般的待遇，获封威灵顿公爵，并被派往君主复辟后的法国担任大使。

1815 年，拿破仑逃离厄尔巴岛，向巴黎进军，战争的最后一幕（即"百日王朝"）由此开始。反法同盟做好了入侵法国并阻止拿破仑的准备，并将其位于比利时的部队分为两支：威灵顿指挥英荷联军，冯·布吕歇尔伯爵（Count von Blücher）则指挥规模更大的普鲁士军队。拿破仑计划利用反法同盟分兵的情势，在 6 月 15 日发动进攻，率军直插同盟军两支部队的先锋军之间。但他没能歼灭布吕歇尔的部队。6 月 18 日，威灵顿在布鲁塞尔（Brussels）正南方的滑铁卢与法军交战。

拿破仑试图从侧翼发起佯攻，以为能轻松取胜，但攻击未见成效——威灵顿的部队虽然军力略逊，仍然牢牢守住了阵线。当布吕歇尔的援军抵达时，法军被迫后撤。拿破仑孤注一掷，向同盟军中军发动殊死进攻，但威灵顿将步兵排成方阵，抵挡住了这波进攻。普鲁士军队的出现使法军打消了继续进攻的打算，拿破仑被迫撤退。路易十八复辟，拿破仑再次退位并被流放到圣赫勒拿（St Helena）岛。

彼得卢大屠杀
1819 年 8 月 16 日

英国赢得了拿破仑战争的胜利，但这并非全无代价。经济由战时转变到和平时期并非全无困难：弹药工厂关闭，军队复员，因而失业率飙升；受贸易保护主义关税政策影响，食物价格居高不下。

民众的不满正在发酵，而这种不满远不止出于经济因素。危机暴露出一个现状：议会中缺少工业城市的代表，支持改革的政治运动正愈发向激进的方向演变。城市居民开始聚众集会，自行推举议会之外的民意代表。

1819 年，在曼彻斯特（Manchester）的圣彼得广场（St Peter's Fields），近 6 万名市民集会。一位激进的演说家亨利·亨特

(Henry Hunt）在向人群演说之前，就遭到约曼里骑兵逮捕。当示威的民众介入时，这群毫无经验的（可能是喝得醉醺醺的）士兵恐吓民众，甚至发起攻击，并叫来更多士兵以暴力强行驱散人群。数人惨遭杀害，数百人因此受伤。

这起事件引发了全国上下的一致谴责，其中的代表作就是雪莱的诗歌《无政府假面剧》（*The Masque of Anarchy*），被称为"彼得卢"（Peterloo），与威灵顿的那场胜利形成讽刺性的对比。但英国政府却以通过《六条法案》为回应，反而对"激进活动"进行严格的限制。不久之后的卡托街阴谋（一次针对政府大臣的未遂暗杀）似乎证明了这部法案的合理性。

现在，这场大屠杀被视作英国政治史上的关键性事件，此后的政治与司法改革都与此有关。

乔治四世

1762—1830 年，加冕于 1821 年 7 月 19 日

英王乔治四世又被称作"欧洲第一绅士"，当然这指的只是他的做派，而非实际行为。他继承了王位后，虽然实际权力并没有什么改变，但这位前摄政王子还是为了庆祝自己加冕而环游了英国。他也是自 17 世纪以来第一位去过苏格兰和爱尔兰

的英国国王。乔治的婚姻一直引人非议——他与卡洛琳王后关系疏远，甚至在自己加冕时拒绝后者出席，王后在参加英国国教祈祷仪式时也被剔除在王室成员之外。

乔治四世像他的父亲一样，认为英国君主应当维护新教信仰（这时他显然无视了自己早年与天主教徒的婚姻），于是在他在位的大半时间内都在极力阻止宗教和解。他最终还是失败了，议会在1829年通过了《天主教宗教和解法令》（*Catholic Emancipation Act*）。

乔治在艺术和文化方面都颇有影响，但下属和民众对其极为反感。他对待卡洛琳王后的方式令人愤慨，后者反而因此更受民众爱戴。在她去世时，大批民众自发地为她哀悼。他因为贪食和自我放纵而过度肥胖，并且在摄政期间，他放荡的生活方式与国家因战争和工业化所致的艰难处境形成了鲜明的反差。

乔治的女儿夏洛特在1817年夭折，所以乔治死后，继承王位的是他的兄弟威廉五世。后者的统治相当短暂，并且充斥着各种有关改革的纷争。1837年威廉五世去世，乔治时代就此终结。

罗伯特·皮尔与伦敦警视厅
《1829 年伦敦警视厅法案》

在拿破仑战争之后，英国政府的高压统治加剧了社会与政治冲突，直接导致了灾难性的彼得卢大屠杀。而作为执法者，军队暴露出了效率低下、镇压色彩过重的缺陷。

罗伯特·皮尔爵士（Sir Robert Peel，1788—1850）是一位温和派托利党人，此前在 1822 年已经成功建立了爱尔兰警官队（Irish Constabulary）。他于利物浦勋爵（Lord Liverpool）政府中出任内务大臣（Home Secretary）时，一手建立了伦敦第一支常设的警察部队，后者的绰号"小鲍"或"小皮"也正是因此而来。1829 年 9 月 29 日，第一批千余名伦敦警察走出了设在苏格兰场（Scotland Yard）的总部大门，他们并非军人，并且只配备警棍。随着全国各地犯罪率上升，各地以相同的模式建立起地方警队。1836 年，伦敦警队吸收了其前身"弓街跑步者"（Bow Street Runners），不久之后也启用便衣侦探。

在皮尔任职期间，他尤为看重对社会的责任。在他的推动下，监狱系统实现了多项改革，重刑的使用受到限制。《谷物法案》在 1828 年与 1842 年两次获得修改，放松了粮食进口的限制；

1829年的《天主教解放法案》（*Catholic Relief Act*）则赋予天主教徒在议会的选举权与被选举权。

皮尔在1834—1835年及1841—1846年两次出任首相，其间他推动通过了多项重大改革法案，为国民经济打下了坚实的基础，并将托利党改组为保守党。然而，他在1846年废除了《谷物法案》，试图以此缓解爱尔兰大饥荒（Irish Potato Famine），这却使他失去了部分人的支持。

《改革法案》
1832年6月7日

19世纪早期的英国政府腐败不堪，无法代表民众的意志，因此亟需改革。国会议员为君主和贵族阶层所操纵，议会席位成为交易的筹码。全国各郡的投票资格因地而异，但总的来说都与财产和拥有的土地挂钩。政治权力始终为土地贵族阶层所掌控，这些人大多将民主政治视为暴民统治的同义词。

除此之外，国会议席的分配机制并没有因工业革命的城市化进程而改变——人口众多的新兴城市在国会中的影响力，尚不及许多小村庄。其中的典型则是所谓的"衰废市镇"，尽管每个市镇选民人数极少，却在议会中掌握着两个席位。这些选区（例如在1831年仅有7位选民的嘉顿）的地主可以轻易操纵当地的政治，甚至将其视作自己的私产。相似的是，某些君主则会有意创建一些微型选区，以便让自己中意的人当选国会议员。

但是像威廉·科贝特（William Cobbett）和亨利·亨特这样的激进派，则一直推动着改革的进程，抨击当前制度的不公之处。在议会内部，辉格党的改革派首次掌权，并且顶着来自托利党的强大阻力，成功说服了不情愿的威廉四世通过自己的《改革法案》（*Reform Bill*）。这一法案将选民人数由45万扩大至70万，撤除众多"衰废市镇"，并使议席的分布更为公平。在1867年与1884年又通过了后续的《改革法案》，赋予逾半数的英国男性以选举权。最后在1918年，选民的财产限制遭到彻底废除，同时女性也获得了投票权。

维多利亚时代

维多利亚女王

1819—1901 年，加冕于 1838 年 6 月 28 日

1837 年，在其伯父威廉四世（William Ⅳ）驾崩后，亚历山德里娜·维多利亚（Alexandrina Victoria）公主、肯特公爵之女即位为王，时年尚不足 18 岁。即使新晋为王，生性坚强的维多利亚还是很快就对国家宪政有了较为全面的认知（当然也不乏一些啼笑皆非的时刻）。她在位期间，君主制的影响力逐渐削弱，权力逐步从上议院转移到下议院。但同时，帝国版图也不断扩张，英国成了当时世界上最强大的国家。

1840 年 2 月，维多利亚与她最为年长的表弟、萨克森－科堡和哥达公国（Saxe-Coburg and Gotha）的阿尔伯特亲王结为连理，并共同孕育了 9 个孩子。1861 年，阿尔伯特因伤寒早逝，女王悲痛欲绝，离群索居，余生都在缅怀（她成日穿着黑色裙装，直至逝世）。这一行为短暂地导致了她的人气下降。好在她很快便在近臣 [尤其是迪斯雷利（Disraeli）] 的辅佐下重拾公务，并恢复了人气。声势浩大的万国工业博览会（the Great Exhibition） 和其在位 50 周年、60 周年庆典的空前盛况，都足以反映维多利亚女王的受欢迎程度。

维多利亚在位期间,举国遭遇了百般磨难——包括克里米亚战争(the Crimean War)、印度兵变(the Indian Mutiny)、第二次布尔战争(the Second Boer War)、棘手的"北爱尔兰问题(Irish Question)",以及国内频发的严重贫困问题。但同时,她也致力于推动科学、商业、发明、探索、教育、农业、治安、交通和艺术方面的发展,开设了大量福利项目,其中尤为关注扶贫政策。时至今日,她仍然是英国民众最怀念的君主。1901年,她于怀特岛的奥斯本宫(Osborne House)逝世,享年81岁。

迪斯雷利和格莱斯顿

本杰明·迪斯雷利(Benjamin Disraeli,1804—1881年)1868年2月—1868年12月及1874—1880年两次出任英国首相。威廉·尤尔特·格莱斯顿(William Ewart Gladstone,1809—1898年)1868—1874年、1880—1885年、1886年2月—1886年6月及1892—1894年四次出任英国首相。

总体来说,维多利亚女王更偏爱墨尔本勋爵(Lord melbourne)和迪斯雷利这样的保守派首相,而非更为激进的皮尔(Peel)、帕默斯顿(Palmerston)和格莱斯顿。其中,迪斯雷利尤受器重。与总是对女王毕恭毕敬的格莱斯顿截然不同,他总是秉持着"用泥刀涂抹恭维"的原则讨好女王。迪斯雷利早期以小说家出身,并小有成就。最初他以激进党的名义参选议会,但以失败告终。1837年,他终以保守派的名义加入了议会。他两次担任财务大臣,两度出任英国首相。1875年,他设法为英国买下了竣工不久的苏伊士运河的一半股份。1876年,他为维多利亚女王赢得了"印度女皇(Empress of India)"的称号。1880年,增长的税收,以及在祖鲁战争和第二次英国—阿富汗战争中的失利,导致了迪斯雷利政府垮台,他也因此下台,并于一年后逝世。

格莱斯顿的政治生涯长达61年,曾四次出任英国首相。最初,他加入了保守党。但后来,他转入自由党,成了自由主义(Liberalism)的代名词,在妇女权利、教育和议会改革方面也有所作为。此外,他还为解决"北爱尔兰问题"做出了不懈的努力,尽管收效甚微。1886年,他提出了《爱尔兰自治法案》(*Irish Home Rule Bill*),却导致自由党分裂。1892年,上议院否决了该法案。不久后,格莱斯顿宣布引退,时年83岁。

维多利亚时代的10位首相中,有7位是名门之后,迪斯雷利和格莱斯顿都不在其中。后来,迪斯雷利接受了女王的伯爵加封,格莱斯顿则婉拒了。尽管他们一生都在针锋相对,但毋庸置疑,他们是维多利亚时代最伟大的两位首相。

第一次工业革命（第二部分：社会成本）
1770—1850 年

伴随着工业化的进程，贸易和资本主义均不断发展，人口增长，人民生活质量也普遍得到了改善——至少对那些得以从经济繁荣中受益的人而言确实如此。

机械化和改进的农业技术致使许多劳工失去了用武之地，因而农村的失业率大幅上涨。失业者纷纷迁往城市，进厂谋生，迅速形成了庞大的城市工人阶级。与此同时，由于土地所有权不再是生产的必要条件，经商的中产阶级也得以日益壮大，蒸蒸日上。

城市社会动荡不安，引得问题频出。城市工人阶级普遍贫困潦倒，大多数人住在贫民窟，卫生条件极其堪忧。他们的工作安全隐患大、报酬微薄，甚至还存在大量雇佣童工的现象。此外，还不乏失业者及其家人被迫进入贫民习艺所（workhouse），在条件恶劣且毫无安全保障的情况下，从事一些杂而琐碎的工作，以换取一个下榻之处。工业生产还导致了严重的空气污染。其中伦敦尤甚。厚厚的"黄色浓雾"不仅降低了可见度，还会危及公众健康。慈善家、宗教人士和作家们纷纷呼吁人们关注工人阶级的困境。这些社会问题贯穿了整个19世纪，对其政治环境造成了一定影响。

维多利亚时期的艺术与文学
19世纪

小说并非起源于维多利亚时代，但在该时期如日中天。众多故事以连载的形式发表在大销量期刊上，以供具备阅读能力和闲暇的新兴中产阶级娱乐之需。这类作品蕴含大量悬念、人物及异想天开的情节，大量连载并风靡一时，成了维多利亚时期最具有代表意义的小说类型。

工业化后社会发生了翻天覆地的变化，因此众多维多利亚时期的作家在作品中反映社会现象、关注社会问题。这与浪漫主义时期忧郁、内省的风格形成了鲜明对比。例如，查尔斯·狄更斯（Charles Dickens）和伊丽莎白·盖斯凯尔（Elizabeth Gaskell）等作家揭露了城市贫民的困境；乔治·艾略特（George Eliot）和托马斯·哈代（Thomas Hardy）反映了农村社会的严峻现实；威廉·梅克皮斯·萨克雷（William Makepeace Thackeray）则致力于讽刺中上层社会的势利与野心。

与此同时，浪漫主义的影响也持续在蔓延：它延续于谢里丹·勒·法努（Sheridan Le Fanu）、布拉姆·斯托克（Bram Stoker）的哥特式小说和勃朗特姐妹的作品中；在艺术界，它延续于 J. M. W. 特纳（J.M.W. Turner）和约翰·康斯特布尔（John Constable）令人神往的风景画中；也存在于爱德华·埃尔加（Edward Elgar）的音乐中，正如叶芝的评论，"其英雄式的忧郁精妙绝伦"。

此外，在这个儿童常成为感伤对象的时代（尽管童工仍比比皆是），比阿特丽克斯·波特（Beatrix Potter）、刘易斯·卡罗尔（Lewis Carroll）、安娜·休厄尔（Anna Sewell）和罗伯特·路易斯·史蒂文森（Robert Louis Stevenson）均以青少年为题创作了众多经典作品，其影响力延续至今。

所得税
1799 年、1803 年及 1842 年以后

在对抗拿破仑的反法战争中，英国挥金如土，以致濒临破产。1797 年，由于军费短缺，海军甚至威胁要发动兵变。全国大部分地区都赤贫如洗，制造业和农业阶级之间的冲突也与日俱增。基于此背景，首相小威廉·皮特（William Pitt the Younger）于 1798 年提出了征收所得税的法令，作为抗法的一项临时措施。

但在提出后的一年里,该法令在所难免地遭受了许多冷眼。

该法令只在英国适用,爱尔兰则不属于适用范围。针对年收入超过150英镑的人,税率为每英镑2先令(10便士),收入越少,税率也相应越低。法令发行的第一年就筹集到了600万英镑,虽比政府预期少了400万英镑,但此次作为所得税的首次引进,开创了英国历史上的先河。

1802年,皮特引退。英国迎来了与法国短暂的和平时期,新任首相亨利·阿丁顿(Henry Addington)也因而废除了所得税。好景不长,1803年,两国又陷入白热化状态,所得税也被重新引进。1815年,拿破仑战败后,议会强制要求财政大臣尼古拉斯·范西塔特(Nicholas Vansittart)取消该税,引得"掌声雷动"。

1842年,时任首相罗伯特·皮尔(Sir Robert Peel)虽反对征税,但仍以每英镑7便士(3新便士)的税率重新征收了3年的所得税。1874年,格莱斯顿和迪斯雷利都曾许诺,将废除所得税,但它仍留存至今。不过,时至今日,它仍然只是一种临时税,每年4月都由议会根据《财政法》重新征收。

爱尔兰大饥荒

1845—1851 年

  1845 年夏，一种源于北美、借空气和水传播的枯萎病，侵袭了欧洲，摧毁了大部分马铃薯作物。爱尔兰 1/3 的人口以马铃薯为生，此次灾害事态严重，可谓灭顶之灾。在当地潮湿天气的影响下，这种枯萎病会导致作物腐烂变成黏液。此后两年间，灾情并未好转，徒留百姓忍饥挨饿，甚至不幸染上伤寒、霍乱和痢疾。由于颗粒无收，他们无法向英国地主支付租金，因而遭到驱逐（尽管也有一些地主扶危济困）。直到 1850 年，饥荒才有所好转。

  1801 年《联合法案》正式实行后，爱尔兰一直归于英国政府管辖之下。1846 年，《谷物法案》被废除。该法案要求对进口谷物强制征收关税，保护本土产品免受竞争。即便如此，爱尔兰人仍买不起进口谷物。政府的救济粮往往是不符合标准的粮食，且救助措施不力，反应缓慢。私人的慈善机构迫于形势，只得从海外筹资，但这些资金也屡屡被挥霍一空。

  约有 260 万爱尔兰人进入了贫民习艺所，另有 150 万人死于疾病和饥饿。饥荒引发了大规模的人口迁徙。直到今天，南北爱尔兰的人口尚不及饥荒发生之前。

大饥荒期间,对英国怨恨和不信任的情绪大量滋生。特别是众多富裕的庄园,地主往往是英裔爱尔兰人。对于这般严重的灾难,他们仍无动于衷,继续向英国出口谷物、肉类和牲畜。

维多利亚时代的探险家与发明家
19 世纪

在维多利亚时代(1815—1914 年),大英帝国领土扩张了约 1000 万平方英里①,达到了其巅峰。探险家们前往加拿大北极地区、澳大利亚以及最知名的赤道非洲,并绘制了地图。其中,理查德·弗朗西斯·伯顿(Richard Francis Burton)爵士与约翰·汉宁·斯皮克(John Hanning Speke)于 1855 年和 1857 年两度科考非洲,并在 1858 年成为发现非洲坦噶尼喀湖(Lake Tanganyika)的第一人。后来,斯皮克又发现了另一个大湖,并将其命名为维多利亚湖,认定它是尼罗河的源头。除以上二人,苏格兰传教士大卫·利文斯通(David Livingstone)也致力于寻找尼罗河的源头,于非洲内陆取得了许多重大发现——他是首

---

① 1 平方英里约为 2.589 平方千米。

个发现维多利亚瀑布（Victoria Falls）的人。不过，大多数人或许对那句"我猜想，你是利文斯通医生吧？"更为熟稔。当时，斯文利通在其最后一次探险中杳无音讯，已被认定死亡。一位名为亨利·莫顿·斯坦利（Henry Morton Stanley）的探险家找到了他，并有了以上对话。

维多利亚时代社会躁动且有活力，也表现在科学、技术和工程方面的进步。机械工程师乔治·史蒂芬森（George Stephenson）和他的儿子罗伯特（Robert）发明了蒸汽机车，并建造了大量公共铁路和桥梁。伊桑巴德·金德姆·布鲁内尔设计了数座重要桥梁、众多隧道、船舶（包括第一艘跨大西洋蒸汽船），以及大西部铁路。迈克尔·法拉第（Michael Faraday）在电磁学领域取得了重大突破。1837年，威廉·库克（William Cooke）和查尔斯·惠斯通（Charles Wheatstone）申请了第一个商业电报的专利，重塑了个人通信系统。此外，邮票、现代吸尘器的雏形和负片、正片摄影工艺等发明，均是维多利亚时代的产物。

万国工业博览会

1851年5月1日—10月15日

这场经由阿尔伯特亲王等人组织的博览会,虽名为"万国工业博览会"(the Great Exhibition of the Works of Industry of all Nations),其目的却是为了展示英国技冠群雄、繁荣昌盛的辉煌成就,全国上下都弥漫着该时代的乐观主义精神。

这是第一次真正意义上的世界性博览会,有近1.4万件手工制品参展,其中一半来自英国。它选址于海德公园的水晶宫。这座建筑以钢铁为骨架、玻璃为主要建材,占地19亩,出自极负盛名园艺师、建筑师约瑟夫·帕克斯顿(Joseph Paxton)之手,得名于《笨拙》(*Punch*)杂志。

尽管事先并不被看好,该展览仍完美落幕。在开放的6个月里,约有600万游客购买了门票,甚至有许多人搭乘了人生第一趟火车前来参观。维多利亚女王也曾多次到场,与人群打成一片,深受公众喜爱。展览的收益远超其投入,大量的利润被投资于建造维多利亚与阿尔伯特博物馆(Victoria and Albert Museum),以及肯辛顿区的科学博物馆、自然历史博物馆。此次展览对艺术和设计影响深远,并推动"维多利亚"成为英国民族自信的代名词。

展览闭幕后,水晶宫被拆成小块迁往伦敦南部的西德纳姆山,并进行了重组。1936年,它于一场大火中被付之一炬。今日,只有在一些地名、一支足球队队名中,还有那为吸引游客前往水晶宫公园参与音乐会、盛典及其他娱乐活动而修建的火车站,还能依稀见到它的影子。

克里米亚战争
1854年3月28日—1856年3月30日

为与俄罗斯帝国争夺霸权的克里米亚战争,爆发于克里米亚半岛(今乌克兰境内)。爱尔兰战地记者威廉·霍华德·罗素(William Howard Russell)在此次战争中崭露头角。他在《泰晤士报》(*The Times*)上大肆披露,迫使政府改善军人的条件,并要求其将腐化败坏的民间供应商排除在外。在此次战争中,诞生了第一批女护士,其中包括声名远播的弗洛伦斯·南丁格尔(Florence Nightingale)和玛丽·西科尔(Marry Seacole)。

1853年7月,俄罗斯与奥斯曼帝国就圣地问题发生了外交争执,前者率军入侵了后者位于克里米亚的领土。英国和其对手法国,均反对俄罗斯的扩张。二者在与俄罗斯和平谈判无果后,也相继宣战。

装备和补给短缺，致使成千上万的联合部队病魔缠身。迫于众怒，英国政府派遣南丁格尔率领一众女护士前往克里米亚前线。但她为缓解士兵痛苦所做的努力，招致了高级指挥官的敌对和丑化。因此，她借助媒体揭露了军队里的不当护理，并在斯库塔里建立了一家医院。1854年11月，联合部队在因克曼战役告捷，南丁格尔紧随其后建立了军营医院，大大降低了死亡人数。

1854年10月的巴拉克拉瓦（Balaclava）战役中，不幸发生了英军轻骑兵自杀式的冲锋事件，使英国军队最终消除了贩卖军衔的不公行径。该战役展现了重装骑兵旅（Heavy Brigade）的成功冲锋，以及英军第93高地步兵团（93rd Highlanders）抵抗住俄军骑兵时的"细细的红线"（按照罗素的描述）。1855年，联合部队占领了塞巴斯托波尔（Sebastopol），并于次年签订了和平条约。

印度兵变

1857年3月—1858年3月

印度兵变始于孟加拉军队,该军队隶属于当时统治印度的东印度公司。此次兵变引发了广泛的反响,发展成一场反对英国统治的起义,同时也威胁到了印度的传统统治体系。

麻烦始于密鲁特(Meerut)的驻军(英国麾下的印度士兵)拒绝使用涂有动物脂肪的子弹,这在他们的宗教信仰里是一种冒犯。孟加拉第3轻骑兵团中85名拒绝使用新弹匣的士兵随即遭到监禁。印度支持者发动叛乱将他们释放,兵变也蔓延至整个印度中部和北部的孟加拉军队。与之相对,马德拉斯和孟买军队以及廓尔喀军团仍对英国忠心不贰,协助其镇压叛乱。

德里地区很快落入叛军之手,成为兵变的焦点。双方均损失惨重。英国军队花了3个月时间镇压3万名德里兵变者,花了4个月攻克勒克瑙(Lucknow)。卡恩波尔(今坎普尔)有200多名英国妇女和儿童惨遭屠杀,而英国的报复行动往往也同样野蛮至极。

毋庸置疑,这次兵变使英国与印度之间的关系恶化,但为许多印度民族主义者提供了精神动力。此后,英国采取了直接统治的方式，并将东印度公司国有化（于 1874 年解散）。此外，为了防止后续的叛乱，英国将印度士兵降职，并为其配发劣质的枪支。但即便如此，直到 1947 年独立以前，印度士兵在之后的众多战役中（包括两次世界大战）都发挥了举足轻重的作用。

查尔斯·达尔文
1809—1882 年

1859 年，英国博物学家查尔斯·达尔文（Charles Darwin）发表了《物种起源》（*On the Origin of Species by Means of Natural Selection*），引起了轩然大波——初版一日之内便被抢售一空。当时，民众都对神创说深信不疑，因此达尔文的自然选择论遭到群起而攻，并且其中也不乏超群的辩护者。即便如此，"物竞天择"的理论仍夯实了维多利亚时代的乐观主义精神，也强化了英国的优越感。

一开始，达尔文在苏格兰爱丁堡大学攻读医学，后续转而前往英国剑桥大学攻读神学。但他对自然史情有独钟，因此他最终辜负了父亲的厚望，并没有接受圣职。1831 年，他加入了英国海军部资助的科考航行，为期 5 年，乘坐皇家海军的双桅帆船"小猎犬号"（Beagle）前往南洋、南美洲和澳大利亚。忍受着晕船的煎熬，他探索并记录了到访地种类繁多的野生动物、植物、化石和地质情况，并于1839年返程后，基于他的观察结果提出了进化论。虽然遭到了许多人激烈的反对，但该理论仍迅速深入人心。

达尔文后续的研究成果，很大程度上完善了他的进化论。其中最知名的便是1871年出版的《人类的由来》（*The Descent of Man*），主张人类是由高级灵长类动物进化而来的。时至今日，《物种起源》仍在自然哲学领域独占鳌头，是最具影响力的科学著作之一。

约瑟夫·李斯特
1827—1912年

约瑟夫·李斯特（Joseph Lister）在降低术后死亡率方面功不可没，被誉为"现代消毒法之父"。他起初修习艺术，但很快便投身科学事业，与他的父亲即一位复式显微镜的领衔人物成了同行。1852年，他以优秀毕业生的身份从伦敦大学医学院毕业，加入了英国皇家外科学院（Royal College of Surgeons）。

他先是在爱丁堡大学和格拉斯哥大学任职，随后被格拉斯哥皇家医院聘任，成为一名外科医生。1861年，他开始钻研术后病人高死亡率的问题。

当时，普遍的观点认为感染是由"不好的空气"和"瘴气"导致的，但李斯特希望能找到一个更详尽的解释。他的研究成果深耕当代医学中的可靠理论，同时借鉴了路易·巴斯德（Louis Pasteur）的疾病细菌学说（当时并不受重视），推动了医疗实践的革新。

李斯特留意到石炭酸（苯酚）对污水除臭的功效，因而将其应用于术前外科设备以及术后伤口的消毒中，来检验巴斯德的理论。结果表明，术后死亡率大幅下降。

尽管一开始饱受争议，但李斯特的研究成果最终得到了认可。除了李斯特的贡献，1860年7月，弗洛伦斯·南丁格尔于圣托马斯医院创建了护士训练学校，进一步推动了护理革命。此后，住院治疗不再像死刑判决，而真正成了一种治病的方式。

《爱尔兰土地法案》
1870 年

1868 年,自由党人威廉·格莱斯顿赢得了大选,一部分归因于他许诺解决"北爱尔兰问题"。但他不仅没有得到支持,还导致一个民族主义极端秘密团体成立并加重了危机。

马铃薯大饥荒之后,爱尔兰的农业有所起色。但由于当地长期存在宗教分歧以及数次粮食歉收,广大贫困农村人口的生活仍然飘摇不定。1869 年,格莱斯顿解散了爱尔兰圣公会,从而化解了天主教徒对缴纳什一税的不满。后来,他继续致力于改善爱尔兰佃农的待遇。

1870 年,格莱斯顿颁布了《爱尔兰土地法案》(*Irish Land Act*),旨在改革土地所有权,削弱地主的主导地位。针对后者,该法案限制地主驱逐佃户,同时对地主进行适当补偿,并为购买土地的佃农提供政府援助。

但结果并不尽如人意。政府的干预并没有换来合理的租金,地主无惧于罚款的恐吓,仍然驱逐佃户,租金也持续上涨。19 世纪 70 年代,国内的谷物与进口的廉价谷物相比竞争力不足,致使爱尔兰短暂的农业繁荣时期结束,地主佃农的问题因而持续恶化。在芬尼亚党人的推波助澜下，一些小农户以暴力报复他们的前雇主。此外，芬尼亚党人还鼎力支持查尔斯·斯图尔特·帕内尔（Charles Stewart Parnell）——英国议会85名爱尔兰议员的领袖——组织罢租和抵制农收运动。为遏制爱尔兰的暴力运动，政府出台了《强制法》。这也使得爱尔兰佃农的权利首次得到了法律的保护。

英国殖民战争

1837—1901年

19世纪末期，英国频繁地在海外卷入战争中。以下列举的清单并不详尽，但英国的帝国野心仍可见一斑。

1837年，英国军队参与平定上加拿大与下加拿大的叛乱。而更远的东方战火更为浓烈，硝烟四起：第一次（1839—1842）和第二次（1878—1881）阿富汗战争；英国东印度公司向中国输出鸦片，导致爆发的第一次（1840—1842）、第二次（1856—1860）鸦片战争；英国征服信德（今巴基斯坦境内）发动的战争（1843）；爆发于印度的第一次（1845—1846）和第二次（1848—1849）锡克战争；在新西兰爆发的第一次毛利战争（1845—1872）；英国—波斯战争（1856—1857）；

第二次缅甸战争（1852）。其间，非洲的冲突愈演愈烈，矛盾中心发生了转移：南非的数次科萨战争（1846—1879）以及其间对阿比西尼亚的一次惩罚性远征（1868）；祖鲁战争（1879）；位于莱索托的巴苏陀战争（1880）及第一次布尔战争（1880）；尼罗河远征（1884，1897）；第二次布尔战争（1899—1902）；位于加纳的阿善提远征（1900）。

尽管在装备、火力及训练模式上具备压倒性优势，英军仍在入侵过程中几番受挫。其中最险恶的几次发生于阿富汗的甘达马克（1842）和迈万德（1880），祖鲁战争期间的伊桑德瓦纳，以及两次布尔战争中。

全民教育

1870 年 2 月 17 日

维多利亚女王即位时，英国有 1/3 的百姓目不识丁。政府对普及教育漠不关心，民众大多也认为识字和算术与其劳作生活无关，只有家境殷实的小孩才能进入私立学校。18 世纪 80 年代后，教会和各类慈善机构陆续筹资为一些工人阶级的孩子提供教育，但这种学校往往分布零散，对于人口稠密的工业区更是杯水车薪。1833 年和 1844 年出台的《工厂法》（*Factory*

Acts）规定雇主须为其雇佣的童工提供日常教育。即便如此，基础教育的普及也仍鞭长莫及。

其时，法国与普鲁士已经建立了教育体系。为与其逐鹿，保持大国地位，英国亟需一个革新的教育体制。同时，教育水平也有了政治意义：1832年及1867年相继推出的《改革法案》放宽了选举权的限制，识字的重要性因而越发彰显——只有识字者才能在选举前借由报纸获悉国家大事。

基于此，1870年，自由党议员威廉·福斯特（William Forster）推出了《初等教育法》（*The Elementary Education Act*），规定5—13岁儿童须履行接受初等教育的义务，该教育形式多数情况下由政府出资。而直到1880年，义务教育才在真正意义上得到了普及（与之相比，1872年苏格兰颁布了一项单独的法案，业已规定了义务教育）。

尽管存在忧虑，普及教育可能会加剧工人阶级的动荡，《初等教育法》仍可谓意味深远，为英国现行的全民教育体制夯实了基础。

战死喀土穆的戈登

1884 年 3 月 12 日—1885 年 1 月 26 日

戈登（1833—1885）是皇家工兵军团的一名军官，他参加了克里米亚战争和中国的第二次鸦片战争。1862 年，他参与镇压太平天国运动。他先后任命于苏丹、中国及南非，并于 1884 年被派往苏丹的喀土穆，督促英埃联军撤离，返回埃及。当时，一个名为穆罕默德·马赫迪的（Mohammad Ahmad）狂热穆斯林，领导了苏丹马赫迪起义，严重威胁了英埃联军的安危。但由于船只不足，尼罗河难渡，戈登拒绝撤离，并决意留守喀土穆，对抗马赫迪起义军。他也曾向伦敦求援，尽管公众拯救戈登的呼声高涨，但英国政府仍怠惰因循，迟迟不肯出兵。

即使戈登调兵遣将的能力再怎么出神入化，坚守 10 个月后，孤立无援的喀土穆于 1885 年 1 月沦陷。英国的援军迟来了两日，戈登早已战死疆场，甚至头颅还被悬于高树之上。

他为国捐躯的消息一经传回，英国的公众舆论随即转向反对格莱斯顿及其政府。维多利亚女王怒火中烧，她的愤怒在给首相的电报中展露无遗。这封未加密的电报写道："喀土穆的战报真是骇人听闻。倘若行动及时，这一切本可以不发生，这些宝贵的生命也不会陨落。这实在是太可怕了！"这也成了屈指可数的立宪君主公开指责政府的例子之一。

第一次布尔战争
1880 年 12 月 20 日—1881 年 3 月 23 日

布尔人（阿非利加人）是第一批定居于南非的荷兰移民者后裔，他们一直致力于独立斗争。19 世纪 60 年代，当地开采出丰富的黄金、钻石矿藏，唤醒了大英帝国的野心。1877 年，英国成功吞并了德兰士瓦共和国（Transvaal）。然而，德兰士瓦共和国的总统保罗·克留格尔（Paul Kruger）不甘妥协，希望维护主权独立并保留布尔人的生活方式。比如，他极力抵制立法废除奴隶制。但富饶的金矿吸引了广大英国探矿者，引发了接连不断的英布摩擦，特别是在布尔人对待非洲黑人的方式上，双方产生了巨大的分歧。英国发表声明将这一地区划为英国殖民地。克留格尔对此怒不可遏，单方面发表了独立宣言。

布尔共和国（德兰士瓦共和国和奥兰治自由邦）并无常备军，而是采用一种民兵制度。战争爆发时，各行政区负责提供"突击队"。突击队的各成员须自备军服、口粮、武器弹药，以及一匹战马。布尔人坚韧自立，精通狩猎和追踪，是训练有素的骑手和射手，并十分擅长伪装和隐蔽。这对于英国军队而言绝不算是好消息。

在一场耗时10余周的战役中，英军几次兵挫地削。1881年2月27日，英军在马朱巴山战役（Majuba Hill）大败，指挥官乔治·科利（George Colley）爵士不幸殒命。格莱斯顿的自由党政府急于求和，保证德兰士瓦共和国可以在承认英国女王的宗主权的前提下实行完全自治，英国对非洲事务只保留名义上的控制权。

第二次布尔战争
1899年10月11日—1902年5月31日

德兰士瓦的威特沃特斯兰地区（Witwatersrand）开采出丰富的黄金和钻石矿藏，但其总统克留格尔坚持主权独立，拒绝赋予络绎不绝的外国探矿者（其中英国人占大多数）公民权，并向他们额外征收供应费和运输费。因而大量侨民向维多利亚女王表示，想寻求英国的庇护。以此为借口，英国试图吞并德兰士瓦，以及布尔人的另一块核心领土——奥兰治自由邦。1899年，第二次布尔战争爆发。

战争伊始，英国诸事不顺。布尔人业已设立了专业的炮兵部队，围攻了数个英军的驻防地。英军接连在马格斯方丹（Magersfontein）、斯托姆贝格（Stormberg）和科伦索（Colenso）惨重失利。1890年1月，英军又在斯皮恩科普（Spion Kop）付出了惨痛的代价。基奇纳勋爵（Lord Kitchener）继任罗伯茨勋爵（Lord Roberts）的帝国军队总司令后，情况有所反转——英军逐渐突破布尔人的围困，并数次乘胜追击。但布尔人的突击队行动迅速，依靠平民的鼎力相助，持续与英军进行游击战。为此，基奇纳采取焦土政策，摧毁布尔人的农场，切断食物供应，并将为突击队提供援助的平民关进"集中营"，造成数千人死亡。

英国渐渐在战争中占据了上风。1900年，索尔兹伯里侯爵（Lord Salisbury）及其保守党政府靠着颂扬帝国不可匹敌的实力，于"卡其选举"中赢得了大选。1902年5月，布尔人被迫议和，双方签订《弗里尼欣条约》。英国向布尔人承诺了相对的自治权，南非联邦也得以成立。此外，英国还为战后重建投入了300万英镑。

爱尔兰地方自治问题

1886 年 4 月 8 日—1893 年 2 月

1886 年，下议院因《爱尔兰自治法案》争论不休。格莱斯顿一贯致力于解决"北爱尔兰问题"。他提议，允许都柏林的议会处理其国内事务，国防、外交政策和国际贸易问题则仍由英国议会决策，且爱尔兰议员不再被允许入选英国议会。然而，其方案四处碰壁——阿尔斯特的新教徒极力反对都柏林的天主教政府。民族主义者则认为，英国议会想要决定爱尔兰的政策，理应有爱尔兰代表在场。经由 16 天的争辩，该法案以 30 票之差被否决，自由党内部也出现了分裂。

7 年后，格莱斯顿推出了第二个自治法案。下议院通过了该法案，但上院以有损帝国权力否决了，维多利亚女王更是判定此举是对王室不忠。

1910 年，赫伯特·阿斯奎斯（Herbert Asquith）的自由党政府承诺实现地方自治，以此赢得了爱尔兰民族党的支持。但在 1910 年的两次竞选中，"北爱尔兰问题"均被湮没。显然，英国政治家及选民更关注社会改革和社会福利。

1914 年阿斯奎斯的自由党政府在位期间,《爱尔兰自治法案》

最终获得通过,但该法的实施因"一战"爆发而被推迟。直到1921年,爱尔兰自由邦才最终实现独立。

爱德华时代

爱德华七世

1841—1910 年，加冕于 1902 年 8 月 9 日

威尔士亲王阿尔伯特·爱德华（Albert Edward）是维多利亚女王的长子，继任时已近耳顺之年。在 50 岁之前，他一直不被允许过问宗室事务，也不得过问朝政。女王对爱德华有失检点的私人生活大失所望，从未原谅他与一位女演员的暧昧之事，并将他父亲的死归咎于此。但她或许误判了爱德华的品格。事实证明，在维多利亚女皇丈夫去世多年沉闷的统治之后，他在位时使得这个国家再次焕发了活力。

爱德华与其母亲维多利亚女王的生活方式可谓大相径庭。他高大伟岸、平易近人，醉心于盛筵、波特酒、雪茄、赛马、游艇和各种享乐。他对高雅的丹麦妻子亚历山德拉王后（Queen Alexandra）一往情深，但这也并不妨碍他拥有众多情妇，个中当属爱丽丝·凯珀尔夫人（Mrs Alice Keppel）及女演员莉莉·兰特里（Lily Langtry）最为知名。他深受众人爱戴，包括工会领导人和新工党议员，甚至是共和党人。

爱德华有着"欧洲的叔叔""和平缔造者爱德华"的美名。他与大多数欧洲皇室交好，并凭借八面玲珑的交际手段以及流

利的法语和德语，在建立良好对外关系上发挥了举足轻重的作用。他是第一位访问俄国的英国君主。1903年，他对法国进行了国事访问，最终双方达成了挚诚谅解，拟定《英法友好协约》（*Entente Cordiale*），结束了长期以来英法之间的敌对状态，也为两国在第一次世界大战中的联盟合作奠定了基础。

工人阶级的崛起
1893—1908年

19世纪末，于英国的工业区，一场政治革命悄然而至。在苏格兰矿工詹姆斯·基尔·哈迪（James Keir Hardie）的领导下，新兴的独立工党（Independent Labour Party）大肆宣传其激进的观念——劳动人民也可以成为议会候选人。

第一批工人阶级议员隶属于自由党，被称为"自由党工党"（Lib-Labs）。其中，托马斯·伯特（Thomas Burt）和亚历山大·麦克唐纳（Alexander McDonald）均为矿工领袖出身，于1874年入选自由党。1880年，英国劳工联合会议（TUC）的秘书亨利·布罗德赫斯特（Henry Broadhurst）也跻身其中。截止到1885年，已有12名自由党议员针对劳工事务发表意见，诸如为矿工引入8小时工作制、警察和军方是否应该管制工业纠纷等。

就其新同事在选举中的进展，自由党人审时度势，意识到他们应当投袂而起，以避免分裂工人阶级的选票，同时避免向保守党妥协。1903年，自由党的赫伯特·格莱斯顿（Herbert Gladstone）和劳工代表委员会（Labour Representation Committee）秘书拉姆赛·麦克唐纳（Ramsay MacDonald）达成了两党的秘密协议。双方商定，于约略50个选区中，工党和自由党的候选人将避免相互角逐。

然而，自由党人未能未卜先知，从长期来看，他们胜选的可能性会因为这份协议大受影响。1906年大选中，29名出身工人阶级的候选人赢得了席位，其中24名受到了自由党人的支持。但却有愈来愈多的工人阶级议员脱离自由党，并逐渐形成了一个截然不同的新党——工党。1908年，矿工联合会（the Miners' Federation）经由投票，决意并入工党。由此看来，自由党和工党的秘密协议已然成了一张废纸。

妇女参政论者
1903—1914年

19世纪后半叶，妇女在受教育权、财产所有权和法律代表权方面业已取得了关键进展。即便如此，妇女仍明确地被排除于选民之外。一些交游广泛的女士们起始投身于游说国会议员，却劳而无功。而后，她们在全国各地建立小型"参政"协会。1897年，在米莉森特·福塞特（Millicent Fawcett）的领导下，这些协会联合成立了全国妇女参政协会联盟（National Union of Women's Suffrage Societies，NUWSS）。

埃米琳·潘克赫斯特（Emmeline Pankhurst）属于激进的行动派，黯然神伤于全国妇女参政协会联盟的缓慢进展，于1903年成立了更为激进的妇女社会和政治联盟（Women's Social and Political union，WSPU），并开展了一系列高调且暴力的抗议活动。这些所谓的"妇女参政论者"将教堂和信箱付之一炬，将男性专用的高尔夫球场和板球馆洗劫一空，摧残艺术品，引爆炸弹，甚至将自己锁在10号楼的栏杆上。1913年，该联盟不幸迎来了第一位烈士：在德比赛马会上，艾米莉·戴维森（Emily Davison）企图将印有女权三色的旗帜放到马背上，凄惨地丧命于国王的马蹄下。

随之而来的是铺天盖地的头条新闻，但国会议员们仍坚守其立场。他们对狱中绝食的女性参政论者进行强制喂食，并于1913年推出了《猫鼠法案》（Cat and Mouse Act），特许释放绝食者，以此防止她们暴毙狱中并获取公众的同情。

第一次世界大战期间，公众舆论才有所扭转。直到1918年，妇女赢得了相当有限的投票权；1928年，妇女最终获得与男子平等的投票权。

泰坦尼克号沉没事故

1912 年 4 月 14 日—4 月 15 日

"人溺水时发出的声响无法言表,我不能,其他人也不能。这声音令人不寒而栗,随之而来的是一片死寂。"泰坦尼克号幸存者伊娃·哈特(Eva Hart)如是说。

号称"永不沉没"的英国皇家邮轮(RMS, Royal Mail Steamer)泰坦尼克号(Titanic)是当时世界上体积最大的客轮,隶属于白星航运公司,兴建于贝尔法斯特(Belfast)。这艘 70000 吨级的钢铁巨轮极尽豪奢,内置游泳池、健身房、土耳其浴室、图书馆及壁球场。

由南安普顿至纽约的处女航的第 4 个夜晚,泰坦尼克号不幸于北大西洋纽芬兰海域大浅滩以南与一座冰山相撞,并在 2 小时 40 分钟内沉没。这场事故中仅有 706 人生还,其中过半数为头等舱乘客。大量救生艇座位半载便下放,丝毫不顾救生艇位置紧缺。18 艘下水的救生艇中,唯有两艘返程救人,更多的人则担心沉船的吸力,或者试图爬上船的人会摧毁他们的一线生机。这场海难至今仍是历史上和平时期最严重的海难之一,总计有 1517 人罹难。

泰坦尼克号沉没的悲剧，给英国的信心迎头痛击。英国仗着维多利亚时代的帝国优势以及工程成就时常趾高气扬，而这场海难则深刻印证了现代技术的易变性。

第一次世界大战

第一次世界大战

1914 年 8 月 4 日—1918 年 11 月 11 日

20 世纪初,欧洲各路联盟内部斗转星移。德国一跃成为顶尖的工业、军事强国,并逐渐取代法国,成为英国的主要竞争对手。其时,欧洲存在两大联盟——协约国与同盟国。前者包括英国、法国和俄罗斯,意大利和美国分别于 1915 年和 1917 年加入;后者包括德国、奥匈帝国和奥斯曼帝国。为应对德国与日俱增的海军扩张,英国马不停蹄地开展军备竞赛,并于 1906 年推出了革新的无畏舰(Dreadnought)。

1914 年 6 月 28 日,奥匈帝国皇储弗朗茨·费迪南大公(Archduke Franz Ferdinand)于萨拉热窝被一名波黑塞族的学生刺杀,第一次世界大战一触即发。奥匈帝国随即对塞尔维亚采取了报复行动。宛若一副倒下的多米诺骨牌,错综复杂的联盟网随即生效,一个接一个的欧洲国家被卷入这场危机。8 月 3 日,德国向法国宣战,并于同日入侵了中立国比利时。事已至此,英国别无选择,只能动员军队,支援盟国。

法国的战壕战旷日持久,天翻地覆,哀鸿遍野。部队遭受了枪炮、毒气、炮弹休克、残肢、老鼠和病患的百般折磨。战争期间，逾200万人响应基奇纳勋爵的号召，自愿参军。1916年，战事升级，需要更多的部队，英军因此持续征兵。

由于海上受制于德国U型潜艇，英国的食品供应链不幸被断，以致后者曾于1916年短暂地考虑过投降。随后，第一次空战打响，英国南部遭受了德国齐柏林飞艇的轰炸。与此同时，战火甚至蔓延至亚洲和非洲，近300万英联邦士兵协力同心，增援英国。1915年，成千上万的澳新军团（ANZAC）和英国士兵于土耳其加利波利阵亡。

1917年，战争陷入了僵局。同年4月，美国加入了协约国，为战局带来了根本性的变化。德国清楚地意识到，它必须速战速决，于西线取得胜利，否则美国的人力、物力一旦抵达，它必然不敌。1918年3月，俄国十月革命成功后与德国签订和约退出"一战"，意味着德国有望从东线调走军队。3月21日，埃里克·鲁登道夫（Erich Ludendorff）将军对西线的英法军队发动了大规模的攻势。一时间，协约国看起来大势已去。幸而美军的支持在维持盟军防线方面发挥了不可估量的作用，扭转了局势。时至7月中旬，德国几乎黔驴技穷。至此，到了盟军后发制人的时刻。9月，盟军突破了号称"坚不可摧"的兴登堡防线，逼迫士气萎靡的德军撤退，僵持长达4年多的战局终于彻底崩溃。11月7日，德国投降。11月11日上午11时，停战协议正式生效。

第一次世界大战被称作"终战之战"，其规模之大可谓空前绝后。6000万欧洲士兵动员参战，2000万人因此伤亡，其中不只是征战沙场的军人，还有手无寸铁的平民。任何英国公民都难逃其害：妇女入厂劳动，食物采取配给制，孩童协助务农，还须面临苛捐杂税。尸横遍野的惨痛记忆，数代之后却仍历历在目，引发深切共鸣。

卢西塔尼亚号沉船事件

1915 年 5 月 7 日

卢西塔尼亚号（RMS Lusitania）是英国的一艘豪华远洋轮船，并且还有一个别致的昵称——"海上灰狗"（或译为"大西洋快犬"）。1915 年 5 月 1 日，它搭载着 1959 人驶离纽约港，前往利物浦。

在战争期间，海上旅行毋庸置疑是危机四伏的。众所周知，英国深受来自德国 U 型潜艇的威胁。但人们坚信，卢西塔尼亚号风驰电掣的特性可以保护它免受攻击。驶入爱尔兰海峡危险水域时，特纳船长（Captain Turner）采取了预防措施，派人望风，并将救生艇开出，以备不时之需。但由于大雾，他下令减速直行，此举使得该船宛若一只坐以待毙的鸭子，饱受争议。

驶近爱尔兰时，德国潜艇 U-20 向其发射了一枚鱼雷。卢西坦亚号在 18 分钟内沉没，致使逾 1100 名平民罹难，其中包括近 100 名儿童。

总计有 128 名美国公民在这场他们并没有参与的战争中遭受无妄之灾而丧生，这激起了美国人的众怒。美国和德国之间的紧张关系持续加剧，公众舆论也倒向美国参战，呼吁声尘嚣日上。不到两年，美军宣布正式参战。众怒难犯，德国于当年 9 月取消了其无限制潜艇战的政策，但于 1917 年 2 月 1 日再次恢复。

复活节起义

1916 年 4 月 24 日—4 月 29 日

1914 年，都柏林议会业已废除 100 多年，《爱尔兰自治法案》的推出使得爱尔兰终于恢复了自治，尽管相对有限。然而，爱尔兰东北部的新教徒惶惶不可终日，担心会被边缘化，因而激烈反对南方以天主教主导的统治局势。在此之前，该法案的一项修正案曾提议分割爱尔兰，将北方某些郡暂时排除于自治范围。但此举并不足以安抚任意一方，而是与其初衷背道而驰——爱尔兰内部剑拔弩张，内战一触即发。英国调遣维和部队前往镇压，但其中许多人与爱尔兰统一主义者（Unionist）惺惺相惜，因而拒绝与阿尔斯特人作战。

欧洲各国忙于"一战",注意力从爱尔兰事务中转移开来,爱尔兰一时幸免于难。自治法案的实施受到了推迟,矛盾双方转而致力于对抗德国。然而,以爱尔兰共和兄弟会(Irish Republican Brotherhood,IRB)为首的武力共和派见缝插针,趁着英国在别处忙得不可开交之际,于都柏林策划起义。英国皇家海军截获了德国为其供应的2万支步枪,也未能挡其锋芒。起义进行时,并以都柏林的邮政总局为总部,成立了爱尔兰临时政府。经过6日的殊死搏斗,死伤数百,都柏林部分地区一片残垣绝壁,起义终得镇压。

15名共和派领导人当即被审判并处决,近1800名叛军被关押。尽管该起义以失败告终,但也并非一事无成——公众舆论逐渐激化。1916年,这群烈士产生的影响掷地有声:原本温和的公众舆论转向反对英国统治,为爱尔兰的独立战争奠定了基础。

索姆河战役

1916 年 7 月 1 日—1916 年 11 月 18 日

1915 年末,第一次世界大战陷入僵局。总司令道格拉斯·黑格伯爵(Sir Douglas Haig)冀图掌握主动权,并转移德军在凡尔登对法军的火力,于是在距索姆河畔 12 英里的战线上,指挥英法联军发动攻势。

在正式进攻之前,英法联军进行了为时一周的炮击,企图削弱德军的防线。联军设想,届时步兵进攻就能击垮敌人。实则不然。德军防守严密,严阵以待。英军步兵进攻时,遭到了德军的枪林弹雨压制。英军死伤无数,仅仅一天时间内,就有 19240 名英国士兵战死疆场。其中大部分是未经训练的志愿兵,一些人甚至未成年。由于通讯不畅和缺乏增援,即使取得了阶段性的成果也很快就会失去。

黑格锐气并未受挫,而是一意孤行,将更多的士兵送往前线。最后,英军迫不得已,首次投入坦克作战,但它们在泥泞的地形中发挥的作用不过是杯水车薪。总计约有 42 万英国人捐躯于此,德国虽损失惨重并被迫后退,却不曾溃败。

前线条件艰苦,宛若地狱。尸横遍野,白骨露野,战壕积水,虱子、老鼠、疾病肆虐，对死亡持续的恐惧侵袭着每一个人。暑往寒来，黑格设想中的突围久候不至，他最终放弃了这场战役。

索姆河战役是英国历史上最血腥的战役之一。历经5个月腥风血雨的屠戮，联军只迈进了5英里。

大卫·劳合·乔治

1863—1945年，于1916—1922年出任英国首相

大卫·劳合·乔治（David Lloyd George）是威尔士自由党激进派的新生代，于1890年选入下议会，成为议院中最年轻的议员。他是一个天生的社会改革家。他为社会弱势群体制定了一个福利制度，包括为贫穷的学生提供校餐、养老金、救济失业者、完善国家健康保险制度。

1909年，他时任财政大臣，提出"人民预算案"（People's Budget），希图通过增加所得税和遗产税，为社会改革筹资，但上议院否决了这一提议。这促使了1911年《议会法案》出台，该法令削弱了上议院的否决权。

1915年，劳合·乔治出任军需部长。其时，自由党人阿斯奎斯出任战时联合政府的首相，但劳合·乔治对他颇有微词。1916年12月，他取代了阿斯奎斯，出任英国首相。就职期间，

他励精图治，引入了征兵制度，并于后来的和平谈判中发挥了举足轻重的作用。

这位获称"威尔士巫师"的政治家，在战后选举中凭借"把英国变成一个无愧于战场归来的英雄们的国家"的口号，赢得了一众爱国者的选票，组成了新政府，并承诺进一步推进社会改革。但他后来一系列的失利也致使自由党内部分裂，覆水难收，再未重修旧好。1922年，保守党终止与自由党的联盟，他于同一天提交了辞呈。

1918年大流感

1918年，战争并非英国唯一的致命敌人——一场全球性的流感横行肆虐，造成满目疮痍。此次流感中，身强力壮的成年人更容易受到感染，身体较弱的老人孩童反而不易感染。大约有25万英国人死于该疾病。

1918年春，西线成千上万的士兵遭受着喉咙痛、头痛和食欲不振之苦，战壕的不良条件削弱了他们身体的免疫力。起初，患者不出三日就能康复。然而，医生很快便发现病毒变异，形成新的毒株。西班牙、法国、中东、印度和中国，均受到了不同程度的指控，认定其为病毒源头。尽管最新的研究表明，该病毒是由一群来自堪萨斯州的美国士兵带入战壕的。到了夏天，士兵们的症状纷纷恶化，开始有人死于肺炎或血液中毒。时至9月，德国军队萎靡不振，疾病业已蔓延，同年内便有40多万德国平民病故。

1918年5月，格拉斯哥市出现了英国的首例病例，而后病情迅速蔓延。当局在街道上喷洒化学品，防菌口罩被哄抢一时，但这些都无济于事。世界上没有任何一个角落能够幸免于难。到12月初，已有约莫45万美国人病逝。印度的病情最为惨烈，也许是许多参加过战争的印度医生，将病毒带回印度并传播出去——超过1600万印度人死于这种病毒的魔爪下。粗略估计，全球死亡人数在5000万至7000万之间，是第一次世界大战死亡人数的数倍有余。

《凡尔赛和约》
1919年6月28日

1918年停战后，英国首相劳合·乔治出席巴黎和会（Paris Peace Conference），并于1919年6月28日签署《凡尔赛和约》，标志着敌对状态正式结束。来自32个国家的领导人出席了该会议，英国、美国和法国于其中占据主导地位。法国希望将德国压至绝境，以杜绝后者再次发动战争。与之相对，劳合·乔治更为谨小慎微。他担心倘若德国陷入悲声载道、一贫如洗的境地，可能会让自己成为欧洲共产主义的门户。

尽管国内抗议声一片激昂，德国仍签署了该条约，承担起战争的全部责任。随后，欧洲对版图进行重新划分。在这个过程中，波兰这个古老的国家重新建立，而德国失去了殖民地、大部分海岸线和资源的使用权，以及大约400万公民。不仅如此，它的武装力量受到了极大的限制，并被要求向战争波及的平民支付660万英镑的赔偿金，尽管其战时领导人无一遭受审判。

在美国总统伍德罗·威尔逊（Woodrow Wilson）的推动下，国际联盟（League of Nations）成立（尽管美国并不位列其中），作为和约的一部分。这是一个国际组织，其目的旨在通过外交手段促成民主、规避战争。

英国和法国普遍将该条约视为外交上的成功。与之相反，德国人民则出奇一致地对其口诛笔伐。因而短短数年内，国际联盟的宗旨和《凡尔赛和约》的条款都惨遭背离。

两次世界大战之间

印度阿姆利则惨案

1919 年 4 月 13 日

"一战"后的世界如同白云苍狗,变化极大。新兴的国际联盟促使众多国家踏上了"自决"(独立)的道路。虽然英国赋予了印度一定程度的自治权,但 1919 年推出的《印度政府组织法》(The Government of India Act)规定其法律、秩序和税收仍受制于英国,这激起了众怒,引发了游行示威。150 万印度人曾随英军一同在战壕里厮杀奋战过,难道一直依赖英国所带来的羞辱,就是对他们的回报?

截至 1919 年春,事态已经刻不容缓,印度全国上下的暴力事件不断升级。4 月 13 日,一群旁遮普民族主义者于阿姆利则聚集,捍卫他们在圣地集会的权利。当地指挥官雷金纳德·戴尔(Reginald Dyer)准将怀着"给旁遮普人好好上一堂道德课"的心思,没有给予对方任何警告,便命令他的部队向聚众人群开火，致使群众陷入恐慌。据官方报告，共有379名手无寸铁的男子、妇女和儿童惨遭杀害，一些人在混乱中被殴打致死，另有1200人在这场长达10分钟的射击中受伤。其他同期报道则称，受害者人数要远高于英国官方公布的数字。英国高层对此次事件指摘不已，认为这是英国历史上最严重的暴行之一，但英国公众大多却认为此举有效避免了第二次印度兵变。后来，戴尔被迫引咎辞职。

印度本已对英国的诸多许诺心灰意冷，这次大屠杀更是激起公愤，它成为独立斗争的一个转折点。1920年，圣雄甘地领导了一场大规模的非暴力不合作运动，为最终结束英国的统治奠定了基石。

英联邦《威斯敏斯特法案》
1931年12月11日

在整场第一次世界大战期间，英国得到了其前殖民地的鼎力支持，包括澳大利亚、新西兰、南非、加拿大和纽芬兰等"自治领"。他们的领导人均是战争内阁的成员，其"主权国家"的地位也受到了承认，同时也是新成立的国际联盟的独立成员。

1939年，《威斯敏斯特法案》（*Statute of Westminster*）

出台，首次正式确立这些国家（以及爱尔兰自由邦）独立的主权，给予它们平等地位，并与其共同组成英联邦（British Commonwealth of Nations）。这是一个前殖民地按照意愿组成、由英国君主领导而非统治的国际组织。随着时间推进，其他前殖民地逐一获得独立，纷纷加入英联邦。旧帝国秩序正慢慢瓦解，取而代之的是一个致力于平等、民主、自由、和平和自由贸易的"自由联盟"。

但印度——英国最大的殖民地——却是一个例外。"一战"前，它尚未实现自治；即使1935年《印度政府法案》出台，它仍只是英国的一个"自治领"。一直到1947年，印度才真正实现独立。

巴勒斯坦和美索不达米亚地区

1920年4月25日

第一次世界大战后，各国做出了众多重大决定，其中有一项影响格外深远：肢解奥斯曼帝国。这个曾经统领了东南欧、中东和北非大部分地区的超级大国，在"一战"中溃不成军后，其政府彻底垮台。1920年，国际联盟授予法国和英国管理其前领土的权利，英国因而获得了巴勒斯坦和美索不达米亚地区的委任统治权。

针对美索不达米亚地区，英国任命费萨尔·侯赛因（Faisal Hussein）为国王(改名为伊拉克)，以回报其父在战时的鼎力相助。至于巴勒斯坦，英国将其一分为二，在约旦河（Jordan River）以东建立了外约旦酋长国（the Emirate of Transjordan），由侯赛因的兄长阿卜杜拉统治，西边则是巴勒斯坦英国委任地。

但英国的这套做法无人满意。英国曾提议，对巴勒斯坦进行国际化管理，并承诺建立一个独立的阿拉伯国家。此外，在1917年的《贝尔福宣言》（*Balfour Declaration*）中，英国政府公开保证，支持犹太人于巴勒斯坦建立"民族家园"的权利。英国以为8.5万犹太人和60万阿拉伯巴勒斯坦人能够和平共处、相安无事。不幸的是，事与愿违，此举为后续中东地区几十年的冲突埋下了伏笔。

爱尔兰分治

《英爱条约》，1921年12月6日

1916年，爱尔兰爆发复活节起义，英国对其进行了镇压。两年后，爱尔兰选民大力支持分离主义政党，新芬党（Sinn Fein）于选举中以压倒性优势胜出；其议员拒绝在英国议会就任，并于都柏林成立了自己的议会——众议会。1919年1月至1921年7月，在迈克尔·柯林斯（Michael Collins）的领导下，新芬党的爱尔兰共和军（IRA）发动了一场残暴的游击独立战争；英国的准军事部队即因其制服而得名的"黑棕部队"，同样残暴不仁、臭名昭著，其暴行与双方的温和派格格不入。

"北爱尔兰问题"亟需一个政治解决方案。1921年12月，劳合·乔治与爱尔兰方谈判，达成了《英爱条约》（*Anglo-Irish Treaty*），给予包括阿尔斯特在内的北方六郡一定的自治权（尽管他们的议员仍被派往英国议会）。南部剩余的26个郡则被赋予自治领地位，成立爱尔兰自由邦，由爱尔兰议会统治。

然而，强硬的民族主义者极力反对该条约，认为应该成立一个包括阿尔斯特在内的全爱尔兰共和国。这导致爱尔兰共和军的敌对派别之间为期两年的内战，更多的流血事件层出不穷，迈克尔·柯林斯也丧命其间。

该条约的各个条款被逐一废除。1937年，南方各郡联合，宣布成立爱尔兰共和国，否认之前实行的分治。而英国直到1948年才正式承认该共和国。

英国大罢工

1926年5月3日—5月12日

英国曾是世界上最大的煤炭出口国。但在1925年,德国重返国际煤炭市场,在廉价的进口煤炭面前,英国国内的煤炭毫无竞争力。"一战"后,其煤层业已枯竭,生产力也持续走低。行业内部杂乱无章,矿主趁机提议降低工人的工资。与之相对,英国劳工联合会议(Trade Unions Congress)向矿工允诺,将会鼎力相扶。斯坦利·鲍德温(Stanley Baldwin)的保守党政府进行干预,承诺将对其工资进行长达9个月的补贴——这标志着工人阶级一次短暂的胜利。但随后,塞缪尔子爵(Lord Samuel)组建了皇家调查委员会(Royal Commission),深入该行业内查外调。他拒绝国有化,并提议撤销工资补贴,以换取更好的工作条件,以及投资新机器的资金。矿主则一如既往,要求延长工作时长和降低工资。

英国劳工联合会议随即发动了全国煤矿大罢工(General Strike),300万工人深受其害,纷纷放下手中的工具,其范围覆盖运输、码头、印刷、建筑、铁厂和钢铁等关键行业。医疗保健和食品运输等基础服务行业持续运转,因而此次罢工整体造成的社会干扰较小。新兴的 BBC 广播电台补齐了报纸的缺位（除了首相温斯顿·丘吉尔亲自编辑的特刊），于罢工中发挥了重大作用——发布相关新闻，有效地防止了恐慌。

9 天后，英国劳工联合会议向塞缪尔子爵屈服，同意终止罢工活动。然而，大量矿工仍逗留在外，长达几个月，直至穷困潦倒，不得不返工。但这些矿工却不得不接受更低的工资、更长的工作时长，甚至还有大部分人面临失业。1927 年，鲍德温推行了《劳资纠纷法案》（*Trade Disputes Act*），严令禁止今后的大罢工行为。

拉姆赛·麦克唐纳

1866—1937 年，1924 年 1—11 月及 1929—1935 年

两次出任英国首相

拉姆赛·麦克唐纳（Ramsay MacDonald）生于苏格兰，极富个人魅力，是英国第一位工党首相。靠着妻子的微薄收入，他摆脱了卑微的出身，平步青云，于 1906 年当选为新成立的工党的议员，并于 1911 年成为其领袖。

1914 年，麦克唐纳因反对英国参加第一次世界大战，辞去了主席一职。1922 年，他再度成为领袖，此时工党已经取代自

由党的地位，成为保守党的主要劲敌。1924年，在自由党的支持下，工党赢得了大选，但第一次执政的慷慨激昂很快就消失殆尽。新闻谣言满天飞，反对派不断宣传共产主义的威胁。工党深受其害，于胜选同年便失利下台。

1929年，工党重新上台。彼时正值大萧条之际，英国如牛负重，麦克唐纳政府不得不削减公共开支，其中包括失业救济金。1931年，内阁内部四分五裂，在此背景下，麦克唐纳组建了一个联合政府——大多数工党同僚将此视作他对党派的背叛，尽管他在创建党派时立下了汗马功劳。该联合政府由麦克唐纳领导，但工党仅仅是名义上的执政党派，实质上掌权的则是保守党。

麦克唐纳积劳成疾，病情不断恶化，但他仍肩负首相一职，直至1935年。尽管他在外交事务中具有举足轻重的影响力，但保守党人和他自己的党员都对他颇为鄙夷不屑。隐退两年后，他乘船前往南美休养，于航程中病逝。

妇女选举权

1918—1928 年

20 世纪初的女权主义恐怖运动,于第一次世界大战期间告一段落。彼时,妇女社会与政治同盟一定程度地软化了其激进路线,并敦促妇女加入武装部队或从业于第二产业。许多女权运动者 [包括西尔维娅·潘克赫斯特(Sylvia Pankhurst)] 均转而成为和平运动者。战争为妇女提供了用武之地,在妇女提高社会地位过程中留下了不可估量的巨大影响。各行各业的妇女在战争中立功自效,农场、军工厂、护士岗位都有她们的身影,这大大推进了她们争取选举权的进程。

战后,首相劳合·乔治已无法否认,人们对于妇女能力的认知业已焕然一新。因而他于 1918 年通过了一项法案,允许某些 30 岁以上的妇女能够享有选举权。

1918 年的大选中,有 17 名妇女——其中绝大多数曾是女权主义者——从 1623 名候选人中脱颖而出。但最终唯独一人成功当选,她就是代表新芬党的康斯坦斯·马克耶维奇(Constance Markievicz)。而作为爱尔兰民族主义者,她拒绝于英国议会中就任。1919 年 12 月,南希·阿斯特在其丈夫升入上议院后,赢得了后者于普利茅斯萨顿港下议院的席位，成为第一个庄严宣誓的女议员。

《1918年人民代表法令》（*Representation of the People Act 1918*）的颁布，象征着妇女权利道路上一个伟大的里程碑。但若要实现所有21岁以上的妇女与男子平权投票，尚需10年。

弗莱明发现青霉素
1928年9月28日

第一次世界大战期间，苏格兰细菌学家亚历山大·弗莱明（Alexander Fleming, 1881—1955）从业于陆军医疗队。在战地医院工作期间，他观察到许多人死于败血症。而后，弗莱明研究证明，通常用于治疗感染伤口的消毒剂，其功效弊大于利，尽管如此，军医仍继续使用这些消毒剂。战后，他回到伦敦圣玛丽医院（St Mary's Teaching Hospital），担任细菌学教授一职。

作为技术人员，弗莱明却不太讲究实验室卫生，而是经常把他正在培养的培养物随意落在实验室。有一回，他放完长假回来，偶然发现他丢弃的众多培养皿里有一种霉菌被一个无菌区包围着。他将这种霉菌分泌的活性物质命名为青霉素（或盘尼西林）。在进一步的研究中，他发现该菌种能够杀死其他细菌，诸如引起脑膜炎、白喉、猩红热和肺炎的细菌。

另有两位科学家，分别是澳大利亚的霍华德·弗洛里（Howard Florey）与来自纳粹德国的难民恩斯特·钱恩（Ernst Chain），对弗莱明的发现进行了后续开发，使其得以作为药物生产。他们共同获得了1945年的诺贝尔医学奖。最初，这种特效药的供应屈指可数。直到20世纪40年代，青霉素在美国实现量产，该药也被誉为有史以来最伟大的医学进步之一。

爱德华八世及其退位

1894—1972年，1939年1月20日—12月10日在位

威尔士亲王爱德华是国王乔治五世之子，在"一战"中积极服役，怜贫恤苦，外加他风姿绰约，单身且爱寻欢作乐，以及后来他的自我放逐，造就了他颇为响亮的名声。然而，公众对他与众多已婚妇女的风流韵事一概不知，其中甚至包括一位两次离异的美国社会名流——沃利斯·辛普森夫人（Mrs Wallis Simpson）。她有着不凡的社会抱负，后来也确实改变了英国王室的历史进程。

1936年1月，爱德华八世加冕。同年11月，他向首相斯坦利·鲍德温宣布，他打算与辛普森夫人结为连理。但根据英

国国教教义，离婚后再婚不受许可，而国王作为教会的最高领袖，更应该遵守规则。彼时，这段婚外情早已走漏风声，国外和伦敦尽人皆知，但直到 12 月 3 日，英国媒体才正式报道该消息。宪法危机之下，鲍德温告诉爱德华，倘若他违背政府的意愿结婚，他将被迫辞职，重选政府。12 月 10 日，爱德华正式退位。

宣布退位的第二晚，他在 BBC 广播公司将其决定公之于众，其中有一句家喻户晓的话："假如没有我爱的女人在我身边给予帮助和支持，我不可能再肩负起国王这份沉重的职责。"

1937 年 6 月，转封为温莎公爵的爱德华与沃利斯·辛普森结婚。这对夫妻一生都在海外流亡，大部分时间居于法国，直至双双离世。时至今日，爱德华八世仍然是史上唯一自愿放弃王位的英国君主。

乔治六世

1895—1952 年，加冕于 1937 年

约克公爵，即当时的阿尔伯特王子，原本对王位全无欲望。尽管他性格内敛并患有严重的口吃，但继其兄长退位后，他还是不得已被推上了高位。作为温莎家族的第三位国王，他也是 1936 年的第三位国王。

继位伊始,乔治六世尚心存疑虑,但很快,他和他的王后即前约克公爵夫人伊丽莎白·鲍斯-莱昂(Elizabeth Bowes-Lyon),便赢得了政府和公众的尊重。他们相继前往法国、加拿大和美国进行国事访问。在第二次世界大战那段黑暗岁月里,他们甚至亲自前往爆炸现场和军火工厂视察慰问,此举大大鼓舞了士气。此外,"一战"期间,乔治本人曾服役于海军和空军,并于闪电战最为白热化的时候,创设了乔治十字勋章,以表彰平民"在极端危险的情况下所表现的杰出勇气"的行为。炮火连天之际,尽管他和伊丽莎白王后身处险境,但仍然拒绝离开伦敦。

他也在统治期间见证了大英帝国的解体。他是印度最后一位皇帝,也是爱尔兰名义上最后一位国王。他退位后,继承王位的是其长女,即英国女王伊丽莎白二世(Queen Elizabeth II)。

奥斯瓦尔德·莫斯利爵士与法西斯分子
英国法西斯联盟，1932年10月1日—1940年5月30日

奥斯瓦尔德·莫斯利（Oswald Mosley）爵士高朋满座、野心勃勃，担任过保守党和独立党议员。后来，他投靠麦克唐纳工党政府，并成为其名下的一位部长。彼时正处于战后工业大萧条期间，他提出一系列应对计划，却遭到工党政府拒绝，因而莫斯利兴起了一个分离主义运动，成立"新党"。1931年，该党于大选中一败涂地，莫斯利继而访问法西斯意大利，此时墨索里尼（Mussolini）正于意大利实行独裁统治，这种策略似乎能解决失业。其成就给莫斯利留下了深刻印象，后者解散了新党，而代之以英国法西斯联盟（BUF）。

英国法西斯联盟是一个反共产主义和反犹太主义的组织，据称其高峰时期总计达到5万名成员。莫斯利及其他的准军事追随者"黑衫军"，在伦敦犹太人聚集的东区大肆游行，引发了法西斯分子和其抗议者之间的骚乱。后者主要包括当地犹太人、社会主义者、爱尔兰人及共产主义者，各方联合组成统一阵线。政府当即对症下药，出台了《1936年公共秩序法》（*Public Order Act of* 1936），严令禁止政治制服和私人军队，有效限制

了英国法西斯联盟的活动。

莫斯利本人崇拜纳粹。1936年，在希特勒的见证下，他与他的第二任妻子戴安娜·米特福德（Diana Mitford）在约瑟夫·戈培尔（Joseph Goebbels）的柏林家中秘密结婚。"二战"爆发后，他四处奔走呼号，直至1940年，他与其他活跃的法西斯分子同时被捕，监禁于霍洛威监狱。1943年，尽管颇受争议，莫斯利获释，并与妻子在法国度过余生，比邻他们的密友温莎公爵及公爵夫人。

慕尼黑及"二战"预备阶段
1938及1939年

法西斯独裁政权在欧洲崛起，左右着1930年代英国的外交政策。在德国，纳粹领导人希特勒开始无视《凡尔赛和约》，对如此辱国殃民的条约唾弃万分，并发动了大规模的再军事化运动。但由于第一次世界大战带来的恐怖记忆历历在目，英国及其盟友法国都不愿意被卷入另一场战争。

国际形势日益严峻，但出于该理由，英国首相内维尔·张伯伦（Neville Chamberlain）仍不遗余力地满足希特勒看似"合理"的要求，以避免落下话柄，让后者借机发动战争。相应地，

1938年,国际联盟也没有采取任何措施阻止希特勒的军队进军奥地利。希特勒胆如斗大,又开始觊觎苏台德地区。该地区是捷克斯洛伐克的战略重地,许多德意志人聚居于此。就苏台德地区的危机事件,张伯伦与希特勒进行了三次会晤,最终于1938年9月举行了慕尼黑会议,德国、法国、英国和意大利均出席了本次会议。众望所归,张伯伦回国后,宣称达成了"我们时代的和平",认为此次向德国让出苏台德地区,成功地避免了战争。作为回报,希特勒则承诺不再提出进一步的领土要求。

然而好景不长,1939年3月,希特勒就无视《慕尼黑协定》,起兵占领了捷克斯洛伐克的其他地区。事已至此,英国放弃了它的绥靖政策,向希特勒下一个目标国波兰承诺,倘若希特勒出兵入侵,英军将勉力相助。1939年8月,英国兑现了其承诺,并于9月3日对德国正式宣战。

第二次世界大战

德国入侵

1939年9月1日—1940年6月22日

彼时,民族主义浪潮如火如荼,背负《凡尔赛和约》众多条款的希特勒借机开始推动扩张运动。占领苏台德地区后,他于1939年9月1日派遣150万军队入侵波兰。德国空军横扫其城镇和城市,浩浩荡荡的坦克、步兵和骑兵向其首都华沙行进,并于此地集结待命。当天,法国和英国向德国发出了最后通牒,要求后者撤军,无果。9月3日,英法对德宣战。

9月17日,苏联军队陆续涌入波兰。此前,苏联与德国秘密签订《苏德互不侵犯条约》。苏军出兵,意在落井下石。9月28日,波兰宣布投降,战争期间一直被占领,直至"二战"结束。

随之而来的是"虚假战争"(Phoney War),在此期间,西欧各方按兵不动,未见重大军事行动。1940年5月10日,希特勒发动武装部队入侵挪威、丹麦、荷兰和比利时,势如破竹,后者迅速沦陷。而后,德国发动闪电战,席卷法国,英国远征军(BEF)、法军与比利时部队被迫撤退,被围困在敦刻尔克海滩,进退维谷。

5月25日,英国远征军的指挥官戈特勋爵(Lord Gort)做出决定,实行敦刻尔克大撤退。敦刻尔克区域水浅,大型船只无法靠岸。海军部四处征用船只，为了响应其求救信号，一支由 860 艘"小船"组成的舰队倾身营救，冒着炮火和空袭，将 33.8 万名盟军士兵运送至安全地带。6 月 22 日，法国宣布投降。尽管此次营救行动是军事失败的结果，但"敦刻尔克奇迹"极大地鼓舞了英军的士气。

温斯顿·丘吉尔爵士
1874—1964 年，1940—1945 年及 1951—1955 年两次出任英国首相

温斯顿·丘吉尔（Winston Churchill）是一位出身贵族的保守党政治家与一位美艳绝伦的美国名媛之子。他曾服役于印度、非洲以及西线的军队，并将其军旅经历出色地融入了他于政界、新闻界的工作（他曾是一名战地记者，并从布尔人的战俘营越狱成功）。起初，他当选保守党议员，但后来与之决裂，并于 1904 年加入自由党，几次出任内阁大臣，勉力推动了社会的重大变革。他出任海军部第一任部长期间，主导了达达尼尔海峡战役（Dardanelles Campaign），但其结果惨不忍睹。1922 年，他回到保守党，于 1924 年至 1929 年政府倒台期间出任英国首相。他在保守党做了 10 年的后座议员，并因反对印度自治、支

持爱德华八世退位而格外不受待见。此外，他还警示过众人，纳粹极度危险，主张重整军备，并反对张伯伦犹豫不决的外交政策。

丘吉尔才能出众，甚至他的敌人也直言不讳，一旦战争打响，丘吉尔一定会出任政府高位。1939年，他被重新任命为海军大臣。德军入侵挪威，盟军却未能保护其安全（丘吉尔对此负有部分责任），张伯伦的地位因而变得岌岌可危。随着德国势力在欧洲的蔓延，张伯伦的声望急剧下降，只得引退。1940年5月10日，丘吉尔取代其地位，组建内阁。此时，希特勒对西方各国的全面战争也已打响。

丘吉尔展现出才干斐然、富有感召力的战时首相的风范，组建起一个各党派联合政府，并与罗斯福等外国领导人建立了牢固的关系。他百折不挠，越挫越勇，依靠鼓舞人心的演说，为盟军击败德军取得最终胜利做出了重大贡献。

空战
1940年8月13日—1944年5月8日

希特勒很快将目标锁定英国，拟定"海狮行动"，计划从轰炸英国皇家空军（RAF）战斗机司令部起始，逐步入侵英国。

1940年8月13日,赫尔曼·戈林(Hermann Göring)指挥德国空军发动全线出击。不列颠之战(Battle of Britain)打响了。

双方于英国南部上空激烈交战,英国皇家空军利用自身雷达体系及先进的战斗机,保持战术优势。尽管寡不敌众,飞行员们——其中有相当一部分来自波兰等被占领的国家——英勇作战,奋力抵抗。英军只损失了900架飞机,而德国空军损失了1700架。9月15日,英方宣布胜利。两天后,希特勒宣布无限期推迟"海狮计划",并投身于入侵俄国的秘密计划。

与此同时,德国空军转而袭击工业生产线。1940年9月7日,德方打响闪电战,900架德国飞机对伦敦的码头进行轮番轰炸。德军几乎夜夜空袭,直至1941年5月。后来,德军部署了制导火箭,好在盟军很快发觉,占领了发射场地。

英国日夜严阵以待,预防空袭:严格的灯火管制、在地铁站台和避难所过夜、将儿童从摇摇欲坠的城市疏散。空袭所到之处满目疮痍,并有大约4.3万名平民死亡,但英方仍毫不气馁,抗争到底。

空战也并不是德军单方面出击。自1942年起,在阿瑟·哈里斯(Arthur Harris)爵士的指挥下,英国轰炸航空兵对德开展"饱和"夜间轰炸行动。美国参战后,其空军也加入该战役,在白天对德方进行精确攻击。截止到1945年,大多数德国工业中心业已化为灰烬或损失惨重,包括中世纪古城德累斯顿(Dresden)。2月13日至15日,在一片哗然之中,这座城市惨遭摧毁,13.5万人因此丧生。

海战

1940—1943 年

大西洋海战（Battle of the Atlantic）贯穿了"二战"的大部分时间，对交战双方都有着举足轻重的地位。法国沦陷后，英国孤立无援，独自与纳粹对抗。大西洋堪称一条生命线，是美国商船向英国运送食物、物资和军事装备的必经之路。希特勒无法于空战中取得优势，便决定袭击大西洋护航运输队，企图切断英国人的食物来源，置他们于死地。此外，1940年夏，德军从新占领的挪威和法国出兵，向英国发起了攻击。潜艇的功效有目共睹，特别是在切断供应方面，这一点业已于第一次世界大战中证实。

1941年初，英国更新了护航体系，创新了雷达技术，有效减少了潜艇造成的损害。后来，德军的秘密武器恩尼格玛密码被破译，U型潜艇的位置也随之暴露，英方战况得到了进一步改善。美国尽管名义上保持中立，但也积极致力于保卫护航运输队，其海军也获准当场击沉U型潜艇。

1942年4月，U型潜艇的威力达到顶峰。彼时，美国内部杂乱无章，德国人趁机利用新型恩尼格玛密码四处破坏。盟军损失惨重，将其重心转至反潜防御。截止到 5 月，他们发动一系列空袭，业已摧毁了众多 U 型潜艇及其基地。1943 年 5 月，德国海军副司令邓尼茨（Dönitz）宣布投降，结束了这场战役。

在浩瀚的大西洋上，成千上万的盟军船只经历了 100 多场护航战及 1000 多场船对船战斗，双方累计死亡人数均逾 10 万。倘若 U 型潜艇造成进一步破坏，英国很可能落入被迫投降的境地。

美国参战
1941 年 12 月 7 日

彼时，德国和意大利正在进攻欧洲和北非，日本则准备攻占中国、远东和澳大利亚，于此背景下，美国保持其中立地位。尽管美国利益也面临着累卵之危，但孤立主义者四处散播其思想，美国选民深受其影响，外加一系列中立法的存在，限制了罗斯福总统企图参战的行动。

但就算美国按兵不动，日本仍对其安置于太平洋的海军虎视眈眈，终日惶惶不安。1941 年 12 月 7 日黎明，在事先毫无警告的情况下，两波日本舰载飞机偷袭了位于夏威夷珍珠港的美国海军基地。此次空袭中，美国 9 艘军舰被击沉，21 艘严重受损，总计近2500名美国军人殉难。

罗斯福立即于国会发表讲话，要求对日本正式宣战。三天后，意大利和德国向美国宣战。基于此，美国业已彻底卷入了这场战争——这也确保了盟军得以取得最终的胜利。

英国一面不遗余力地与希特勒在欧洲交火，同时倾巢而出，于远东地区投入大量精力。1942年，英属马来亚（现在是马来西亚的一部分）遭受了其历史上最触目惊心的军事行动之一。日本人逼迫英国、澳大利亚和印度军队沿着马来亚半岛向南撤退，退守"坚不可摧"的新加坡岛。一系列激烈的战斗于陆地和空中展开，直至1942年2月15日，新加坡被迫宣布无条件投降。由于撤离计划的缺位，约莫8万名盟军被迫滞留，并沦为战俘。

布莱切利公园和恩尼格玛密码
1939—1945年

随着无线电通信的勃兴，信号情报变得至关重要。整个第二次世界大战期间，德国主要依靠一种密码——恩尼格玛密码。

恩尼格玛密码由一种类似打字机的密码机加密而成。信息敲入机器后，由几个带有凹槽的转子进行编码。这些转子能够随着击键而移动。转子的引入，使得传统密码学无法破译该密码，因为接受者必须通晓字母设定，而该设定每日都会更新。

1939年，英国情报局设立了最高机密项目，取名"超级机密"（Ultra），并于布莱切利公园成立了密码学家和数学家小组。其中包括：数学家阿兰·图灵（Alan Turing），他发明计算转子设定的机器，成了现代计算机的前身；众多波兰难民，他们在战前曾接触过德国工程，因而对恩尼格玛密码机的工作原理有一定的了解。

1940年1月，第一份恩尼格玛密码被破解，但密码设定日异月殊，解密仍难于上青天。1941年初，一艘德国拖网渔船被俘，缴获了一台恩尼格玛密码机，以及一些关于转子设定的书籍。这些材料当即送予密码学家开展分析，他们很快意识到，那些手无寸铁的供应船可能就是密码机与相关书籍的载体。海军集中火力，专攻供应船，逐步获得了稳定的情报来源。

手中掌握了这些书籍，布莱切利公园密码破译中心得以快马加鞭地解密德方信息，"超级机密"项目破译出众多重要信息，为盟军提供协助——诸如获悉德国入侵希腊和俄罗斯的消息（尽管斯大林对后者半信半疑），以及辅助蒙哥马利于北非的战役，包括1942年在阿拉曼战役中取得胜利。据称，"超级机密"使得"二战"缩短了两年，但其存在一直被小心翼翼地隐瞒着，直至1970年代才被公之于众。

诺曼底登陆及欧洲胜利日

1944 年 6 月 6 日—1945 年 5 月 8 日

  截止到 1944 年,"二战"已经在东线两年。盟军需要一个主要的欧洲战线来减少俄罗斯(业已是盟国)的压力,因而制订了一个入侵诺曼底海滩的计划。

  6 月 6 日,盟军最高指挥官艾森豪威尔(Eisenhower)打得德军猝不及防。黎明时分,7000 多艘船只载着 13 万名士兵,出发驶往诺曼底。盟军的轰炸和破坏造成德方通信不畅,后者因而未得及时做出反应。不仅如此,德方最初甚至将诺曼底登陆视为一种调虎离山的计策,认定加莱才是盟军真正的入侵地。

  奥马哈海滩上,两栖坦克发生了故障,造成了盟军中 1 万名美军牺牲。此时,撤离遥遥无期,英国海军鼎力相助,使得剩余的部队能够在海滩上不屈不挠,继续英勇奋战,最终攻克了对方的防御设施。

  诺曼底登陆(D-Day Landings)大获全胜,是欧洲解放的重要开端。除了阿纳姆战役中的失利,盟军的攻势横扫欧洲,夺回法国和比利时,并另有一支部队攻入了意大利。在东部,俄军经由波兰推进攻势。1945 年 4 月 30 日,希特勒于其地堡中自杀。两天后，墨索里尼在米兰被处决。1945年5月8日，同盟国接受了德国的无条件投降。

战事整整持续了5年8个月零5天，欧洲胜利日（VE Day）标志着欧洲战争的结束，普天同庆，万人空巷。但经济紧缩与配给制又延续了很多年。同时，对战事深切的悲哀笼罩在人们心头。数千万人命丧黄泉，城市满目疮痍，触目惊心的大屠杀也被一一揭露，骇人听闻。

对日胜利及"二战"结束
1945年8月15日

战争仍然在东部地区肆虐。号称"被遗忘的军队"的英国第14集团军驻扎于缅甸，对抗日本失利，损失惨重，因而士气萎靡不振。好在其指挥官威廉·斯利姆（William Slim）爵士一直致力于解决供应问题、训练其部队掌握丛林战技巧，并有所建树。1945年3月，英军夺回曼德勒（Mandalay）。同年5月，英印联军顺利攻占仰光（Rangoon）。盟军业已整装待发，准备扭转他们在东南亚的损失，并计划对日本进行大规模进攻。

始料不及，8月6日，英军得知广岛上空发生了大规模爆炸。在美国总统杜鲁门（Truman）的指示下，一颗名为"小男孩"

(Little Boy)的原子弹于此地投下。三天后,美军又在长崎投下一颗名为"胖子"(Fat Man)的原子弹。7月26日,杜鲁门发表了《波茨坦公告》(*Potsdam Declaration*),其中一句写道"投降,否则必然遭受迅速彻底的毁灭",但日本拒绝了其条款。核武器的威力堪称前无古人,后无来者——总计多达22万日本平民当场死亡,数不胜数的人忍受着放射病之苦。8月9日,作为对日本宣战的一部分,苏联红军出兵中国东北。8月15日,日本被迫无条件投降,成为最后一个投降的轴心国成员。裕仁天皇(他向惊恐万状的臣民承认,自己终究不是神祇)宣布,日本于1945年9月2日,在密苏里号战舰上签署了投降书。

第二次世界大战终于落下帷幕。

联合国成立
1945年

鉴于国际联盟未能避免第二次世界大战,联合国应运而生,其创始使命是维护世界和平,加强国际对话。

"联合国"这一名称,最早是丘吉尔和罗斯福用以指代盟国的说法。1942年1月,《联合国家宣言》(*Declaration by United Nations*)签署,首次正式使用该名称。26个政府组成联盟,共同签署该协议，意在联合其成员，共同与纳粹德国、法西斯意大利和日本帝国等轴心国达成和平协议，而非各国单独达成和平协议。

鉴于美国在第二次世界大战中的贡献，罗斯福总统认定，联合国应由美国主导，致力于国际和平与外交。因此，1945年4月25日，联合国组织开展第一次会议，会址位于旧金山。51个成员国中有50个出席了该会议，并于1945年6月26日共同在纽约总部签署了《联合国宪章》（*Charter of the United Nations*）（波兰并未出席该会议，但后来补签了）。1946年1月10日，联合国大会第一届第一次会议于伦敦的卫理公会中央大厅（Methodist Central Hall）举行，51个创始会员国全部派代表出席会议。时至今日，联合国已有193个会员国。